KB159989

당신도 지금보다
10배 빨리 책을 읽는다

ICHINICHI JUPPUN SOKUDOKU TRAINING

by TSUNODA Kazumasa

Copyright © 2014 TSUNODA Kazumasa, All rights reserved.

Originally published in Japan by NIHON NORITSU KYOKAI MANAGEMENT CENTER, Tokyo.

Korean translation rights arranged with JMA MANAGEMENT CENTER INC., Japan through THE
SAKAI AGENCY and BC Agency.

이 책의 한국어 판 저작권은 BC에이전시를 통해
저작권자와 독점계약을 맺은 좋은날들에 있습니다. 저작권법에 의해
한국 내에서 보호를 받는 저작물이므로 무단전재와 복제를 금합니다.

당신도 지금보다 10배 빨리 책을 읽는다

속독 챔피언이 알려주는 1일 10분 속독법

쓰노다 가즈마사 지음 · **이해수** 옮김

좋은날들

속독법은 지식 사회의 경쟁력

"정말 속독법이라는 게 가능한가요?"

"속독법을 해본 적이 있는데, 어려워서 잘 모르겠던데요."

오래전의 저 역시 속독법에 대해 이처럼 막연한 의문을 가지고 있었습니다.

지금이야 속독법 일본 챔피언이 되었지만, 중고등학교 시절만 하더라도 언어 영역에 영 소질이 없어서 국어 성적이 전국 평균 점수에 한참 모자랐습니다. 성적을 어떻게든 해볼 요량으로 속독법 책을 사보고, 통신 교재까지 신청해서 봤습니다. 하지만 몇 번 따라 하다가 금세 포기…….

원래 저는 책을 읽는 그 자체를 싫어했고, 나중에 살아가면서 책을 읽을 일도 거의 없을 거라 여겼습니다.

이후 투자 지식을 쌓기 위해 책을 잔뜩 읽어야 하는 상황에 처하게 되었습니다. 당시는 직장인으로서 하루하루 바쁘게 생활했기 때문에 책 읽을 시간도 아주 적었습니다. 그런 처지에서 어쩔 도리 없이 다시 도전한 게 속독법입니다.

필요에 의해 익혔을 뿐인데, 꾸준히 하다 보니까 마침내 속독법 챔피언의 자리에 올라 있었습니다.

그러자 주변 지인들이 '속독법 좀 가르쳐달라.'는 게 계기가 되어 속독 교실을 열게 되었고, 현재는 전국 각지에서 천 명이 넘는 이들에게 속독법을 가르치기에 이르렀습니다.

저는 결코 머리가 좋다거나 재능이 있었던 게 아닙니다. 지극히 평범한 이과계 대학(농학) 출신으로, 딱히 두뇌 과학이나 언어학을 공부한 바도 없습니다.

하지만 이런 저조차도 속독을 익혀 보통 사람들보다 월등하게 많은 독서를 할 수 있었고, 끝내는 예전부터 제가 마음에 품었던 '되고 싶은 사람'이 될 수 있었습니다.

속독법은 결코 어렵지 않습니다. 많은 책을 빠르게 읽고 이해하는 것 또한 그렇습니다.

속독이 이루어지는 원리는 사실 간단합니다.

시선을 빠르게 움직이고, 글자를 보는 시야를 넓히고, 순간적으로 인식하는 힘을 기르면 됩니다. 이로써 문장을 '읽으며 이해'하지 않고 '보며 이해'하는 게 속독의 핵심입니다.

책에서 설명하는 속독 요령을 이해하고, 하루에 10분씩만 꾸준히 연습하면 누구나 속독법을 익힐 수 있습니다. 활자를 누구 못지않게 싫어하고 몇 번이나 좌절을 경험한 제가 드리는 말씀이니까, 부디 자신감을 갖기 바랍니다.

실제로 이제껏 제가 속독법을 가르쳐온 사람들 중에 효과를 보지 못해 도중에 포기한 경우는 제로! 전원이 이전보다 훨씬 빨리 책을 읽게 되었습니다. 여러분 역시 책의 몇 행이 한순간에 눈에 들어오는 놀라운 경험을 하게 될 것입니다.

속독법으로 달라지는 것은 단순히 책을 빠르게 읽는 능력뿐만이 아닙니다. 시험 문제의 지문이나 보고서, 전자책 같은 문자 정보를 제한된 시간 안에 훨씬 많이 소화해내는 것은 물론, 인지 능력과 글 전체를 살피는 이해력도 높아집니다. 지식 사회, 정보 사회를 살아가는 데 필요한 경쟁력을 업그레이드하는 유용한 수단 중 하나가 바로 속독법인 것입니다.

"책 한 권을 15분 만에 읽을 수 있어요."

"독서 속도가 5배나 빨라졌어요."

수강생들의 이런 소감에 더해 "회사에서 기대 이상의 실적을 거뒀어요.", "자격증 시험에 합격했어요.", "가족과 보내는 시간이 늘어나 행복해요." 등등 속독법의 도움으로 목표를 이루었다는 이야기를 저는 끊임없이 듣습니다.

속독법을 익혀서 마음껏 활용하기 바랍니다. 그것이 인생을 변화시키는 첫걸음이 될 것입니다.

속독 기술을 내 것으로 만들어 여러분이 바라는 저마다의 꿈을 이루는 데 이 책이 도움이 된다면 저자로서는 더할 나위 없는 기쁨일 것입니다.

쓰노다 가즈마사

속독의 핵심 트레이닝 3

5장 순간적으로 인식하는 힘을 기른다

속독법 레벨 업

6장 우뇌 활성화로 속독의 벽을 극복한다

7장 속독 트레이닝을 지속하는 비결

속독 트레이닝 시트 활용법

이 책의 3~4장에서 사용하는 〈속독 트레이닝 시트〉는 권말 부록에 있습니다.
A4 사이즈의 트레이닝 시트를 잘라서 본문 설명을 따라 연습하기 바랍니다.

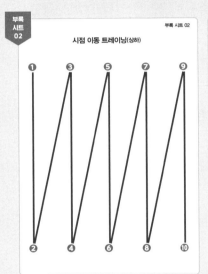

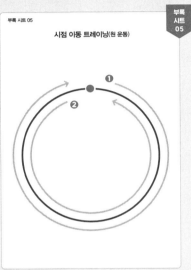

속독 트레이닝 시트(모두 4장)

★ 속독 트레이닝 시트 다운로드

〈속독 트레이닝 시트〉는 좋은날들 블로그에서 PDF(파일 암호 : happy2020)로
다운받을 수도 있습니다. A4 용지에 프린트해 사용합니다.

http://blog.naver.com/igooddays (속독법 카테고리)

1장
—
속독, 읽지 않고
보면서 이해한다

01

속독법은 누구나 익힐 수 있다

속독법에 대해 여러분은 어떤 이미지를 갖고 있나요?

1분에 책 한 권을 척척 읽어내는, 초인적인 속도로 문장을 읽는 기술? 아니면 속독법에 흥미가 있기보다는 책을 많이 읽는 사람 = 공부하는 사람이니까, 나와는 무관!?

사람에 따라 다양한 견해가 있을 것입니다.

지금까지 수많은 이들에게 속독법을 가르쳐왔습니다만, 적지 않은 사람들이 속독을 오해하고 있습니다.

예를 들어 '사진을 찍듯이 책장을 훌훌 넘기면서 책 한 권을 순식간에 읽는다.'라고 생각하는 것, 이것은 어딘가의 과장 광고로 생겨난 잘못된 이미지입니다.

물론 그렇게 읽는 게 불가능하다고 단언하지는 않겠습니다. 이론적으로 트레이닝 방법에 따라 가능할 수 있고, 실제로 그렇게 읽는 사람도 없지는 않을 것입니다.

하지만 과연 그렇게까지 빨리 읽을 필요가 있을까요?

그 정도 수준에 도달하기 위해서는 트레이닝에 실로 막대한 시간과 노력이 필요합니다. 노력과 시간 대비 효과를 따지자면 이득일지 어떨지가 의문입니다.

그렇게나 투자해야 한다면 본인이 정말 하고 싶은 다른 일에 에너지를 쏟는 게 나을 거라고 생각합니다.

그리고 속독은 두뇌가 뛰어나거나 일부 특별한 사람들의 능력이라는 이미지도 있습니다.

이 또한 틀렸습니다. 속독법은 글자 정보를 빠르게 처리하는 기술일 뿐, 애당초 문자를 보는 일 없이 살아가는 사람은 요즘 시대라면 거의 없기 때문입니다.

수학을 예로 들어보겠습니다. 수학 공부의 목표는 주어진 문제의 정답 찾기입니다. 문제를 풀기 위해 공식을 사용할 텐데, 실제 문제 풀이에서는 공식의 성립 이유를 증명할 수 있는지보다 공식을 얼마나 잘 활용하는지가 더 중요합니다.

쉽게 말해, 수학 전문 지식이 부족해도 공식 사용법에 익숙하기만 하면 그것으로 충분합니다.

속독법을 익히는 것도 그와 마찬가지입니다.

우리는 책을 읽는 전문가가 될 필요는 없거니와, 두뇌 계발을 목적으로 할 이유도 없습니다. 책, 혹은 텍스트 정보를 빠르게 읽고 이해하면 그만입니다.

저 역시 학창 시절에는 국어가 질색이었고, 이후 평범한 대학을 졸업하고 평범한 회사에 다녔습니다. 딱히 머리가 좋다거나 스스로를 책벌레라고 생각해본 일도 없습니다.

그럼에도 속독법이라는 도구를 활용해 충실한 삶을 살아올 수 있었습니다. 전쟁터의 진지에서조차 책을 놓지 않았다는 나폴레옹을 비롯해 독서광으로 널리 알려진 링컨, 에디슨, 앤드류 카네기, 빌 게이츠 같은 위인들 역시 책을 숱하게 읽으며 나름의 속독 방법을 깨쳤을 거라 여겨집니다.

속독법은, 내 인생을 더 좋게 만드는 도구입니다.

이것이 속독법을 익혀야 하는 참된 의미라고 할 수 있습니다. 그를 위해 이 책에서는 누구나 손쉽게 배울 수 있고, 실생활에 활용 가능한 속독 요령을 알려드립니다.

아이가 처음 글자를 배우고 나면 어느새 책읽기에 익숙해지듯이 속독법 또한 결코 어렵지 않습니다.

　몇몇 속독의 원리를 이해하고 연습하면 바로 효과를 볼 수도 있습니다. 높은 수준의 속독에 이르자면 꾸준하고 체계적인 트레이닝이 필수이지만, 문장을 빠르게 보는 요령에만 익숙해져도 이전에 비해 몇 배나 빨리 읽을 수 있습니다.

　속독법을 난생처음 배우는 사람은 물론, 이전에 속독법 익히기를 시도했다가 도중에 포기한 사람도 틀림없이 전보다 훨씬 빠르게 책을 읽게 될 것입니다.

　그 요령을 지금부터 하나하나 알려드리겠습니다. 하루에 10분이면 됩니다. 부디 저를 믿고 따라오시기 바랍니다.

02

'읽다'와 '속독'은 어떻게 다를까?

속독법의 본론에 들어가기 전에 먼저 '읽다'가 어떤 의미인지에 관해 살펴보겠습니다.

신문을 '읽다', 책을 '읽다'…….

평소에 무심코 이루어지는 '읽다'라는 행위는 크게 3가지 프로세스로 나눌 수 있습니다.

시선을 이동한다 ⇒ 글자를 본다 ⇒ 내용을 인식한다

책을 손에 쥐고 씌어 있는 글자에 '시선을 이동'해, '글자를 보는' 게 보통의 읽기 과정입니다. 동시에 눈에 들어온 글자가 무엇을 의미하는지 그 '내용을 인식'합니다.

그러고 나서 또다시 다음에 쓰인 글자에 시선을 이동해, 글자를 보고, 내용을 인식한다……. 이러한 반복에 의해 '책을 읽는' 행위가 이루어지는 것입니다.

그러면 이제 평소의 '읽다'와 비교해 '속독'은 무엇인지를 생각해 보겠습니다. '읽다'가 '시선을 이동한다 ⇒ 글자를 본다 ⇒ 내용을 인식한다'라고 한다면 속독은 이렇습니다.

빠르게 시선을 이동한다 ⇒ 빠르게 글자를 본다(시야를 넓혀서) ⇒ 빠르게 내용을 인식한다

이렇듯 속독법의 기본 원리는 간단합니다. 읽기의 3가지 프로세스를 빠르게 처리하면 됩니다.

좀 더 엄밀히 말하면 3가지 프로세스의 처리 속도를 하나하나씩 높여가는 것, 이것이 속독법 숙달의 본질입니다.

쉬운 예로서 우리가 간판이나 식당 메뉴를 볼 때는 '읽는다'라고 하기보다 '본다'에 가까운 감각일 것입니다. 언뜻 바라보면서 메뉴에서 먹고 싶은 것을 고릅니다.

이것은 사실, 글자를 보며 순간적으로 인식하는 상태입니다. 다시 말해 글자를 '읽으며 이해'하는 게 아니라 '보며 이해'하는 것이라고 할 수 있습니다.

그런 식으로 글자를 보는 폭을 더욱 넓혀서(시야 확대), 보다 빠르게 인식이 가능하도록 훈련하는 게 속독법인 것입니다.

여태 평범하게 읽어왔던 사람이 시선의 움직임을 2배 빠르게 할 수 있으면 2배의 속도로 글을 읽을 수 있습니다.

마찬가지로 전에는 한 번에 5글자 단위로 내용을 인식했던 사람이 시야를 넓혀 10글자 단위로 인식할 수 있게 되면 이 또한 그만큼 빠르게 읽기로 이어집니다.

개인 차이가 있기는 한데, 문장을 순간적으로 보고 인식할 수 있는 글자 수는 속독을 전혀 훈련하지 않은 사람이라면 대개 7~11글자 정도입니다.

이것을 15글자 단위, 1행 단위로 늘리고, 최종적으로 3행을 한눈에 보고 이해할 수 있으면 충분히 활용 가능한 수준의 속독법을 익혔다고 할 수 있습니다.

나아가서 문장을 넓게 보고 빠르게 이해하기가 1페이지 단위로까지 확장된 상태가 '사진을 찍듯이 읽기'인 셈입니다.

그런데 머리말에서도 언급했듯이 그렇게까지 빠르게 읽는 트레이닝을 할 시간이 있다면 본인이 정말 원하는 다른 일에 시간과 정성을 쏟기를 권합니다.

인생 80세라고 치면 생애 시간은 윤일을 포함해 겨우 29,220일!

속독의 3가지 프로세스

▶ **시선을 빠르게
이동한다**

▶ **한 번에 많은
글자를 본다**
(시야 확대)

▶ **내용을 빠르게
인식한다**

사람의 삶은 긴 듯하면서도 의외로 짧습니다. 한정된 시간과 에너지를 최대한 효율적으로 쓰는 게 현명합니다.

3행 단위가 아니라 1행 단위로 보고 이해하는 정도만 돼도 보통의 읽기보다 몇 배나 빨리 책을 읽을 수 있습니다. 공부나 회사 업무, 세상살이에서 큰 무기 하나를 얻는 것입니다.

하물며 전보다 2∼3배 수준의 속독을 익히는 정도라면 오랜 시간과 많은 노력이 드는 것도 아닙니다. 빠른 사람은 며칠 안에도 가능합니다.

'읽다'와 '속독'의 차이

▶ 평소 '읽을' 때의 시선 이동

2020년 하계 올림픽이 도쿄에서 개최될 예정이다. 올림픽은 국제올림픽위원회가 주관하는 세계적인 스포츠 제전이다. 하계 올림픽은 공식적으로 올림피아드 경기 대회라고 불린다.

서기 393년을 마지막으로 끝난 고대 올림픽 이후, 근대 올림픽은 1896년에 아테네에서 제1회 대회가 열렸다. 한때 세계대전에 의한 대회 중단을 겪으면서도 오늘날까지 줄곧 이어져 2020년에 열리는 도쿄 올림픽은 제32회가 된다.

▶ 속독의 시선 이동

2020년 하계 올림픽이 도쿄에서 개최될 예정이다. 올림픽은 국제올림픽위원회가 주관하는 세계적인 스포츠 제전이다. 하계 올림픽은 공식적으로 올림피아드 경기 대회라고 불린다.

서기 393년을 마지막으로 끝난 고대 올림픽 이후, 근대 올림픽은 1896년에 아테네에서 제1회 대회가 열렸다. 한때 세계대전에 의한 대회 중단을 겪으면서도 오늘날까지 줄곧 이어져 2020년에 열리는 도쿄 올림픽은 제32회가 된다.

03

우선은 이해보다 속도가 중요하다

"빠르게 읽어도 제대로 이해할 수 있을까요?"

속독법을 배우는 분들에게 자주 듣는 질문입니다. 여기에 대해 저는 으레 "그와는 반대로 천천히 읽으면 그만큼 잘 이해되나요?"라고 되묻습니다.

이 책에서 소개하는 속독법은 평소에 읽을 때와 똑같은 이해도로 훨씬 빠르게 읽는 방법입니다. 빠르게 읽어도 이해도가 떨어지지 않는 것은 반복 훈련에 의해 두뇌가 빠른 읽기에 적응하기 때문입니다.(6장의 두뇌 가소성 파트에서 설명)

반대로 어떤 글이라도 속독법을 활용하면 단번에 이해할 수 있을까요? 맨 앞과 같은 질문을 하는 사람은 이렇게 생각할지도 모릅니다. 하지만 이 또한 착각입니다. 한 번만 읽고 모든 문장을 완벽하게 이해하는 사람은 없고, 그렇게 이해할 필요도 없습니다. 이런 선입견은 버리는 게 좋습니다.

'문장을 이해한다'는 것은 어떤 의미일까요? 뒤에서 다시 설명할 텐데, 여기서 알아두었으면 하는 것은 '읽는 것(속독)'과 '이해하는 것'은 별개라는 사실입니다.

읽는 속도와 이해도는 관계가 없습니다. 쉽게 말해 문장을 천천히 읽는다고 해서 그만큼 제대로 이해하는 게 아니라는 의미입니다. 마찬가지로 2배, 3배 빠르게 읽는다고 해서 이해도가 절반 이하로 떨어지는 것도 아닙니다.

다만 책을 2배의 속도로 읽는다면 평소에 읽을 때 걸리는 시간으로 2번을 읽을 수 있습니다. 반복해서 읽으면 당연히 이해되는 범위는 더욱 늘어날 것이고, 결과적으로 동일한 투자 시간 대비 이해도가 높아지는 이치입니다.

그런 이유로 우선은 글자 인식 범위를 넓혀 빠르게 읽는 것(속독)을 목표로 해야 합니다. 이해력을 높이는 훈련은 그다음에라도 늦지 않습니다.

정보를 찾는 속독은
요령만 알면 가능하다

3장부터는 속독법의 3가지 핵심 프로세스, 즉 '시선을 빠르게 이동하기', '한 번에 많은 글자를 보기(시야 확대)', '빠르게 인식하기' 능력을 기르는 트레이닝을 합니다.

그리고 이 바탕 위에 문장 이해력이 높아지는 원리를 6장에서 살펴보게 됩니다.

그런데 솔직히 말해 '막상 속독 훈련을 하려니까 성가시다!', '좀 더 쉽고 빠르게 속독법을 익힐 수는 없을까?'라고 생각하는 분들도 분명히 있을 것 같습니다.

실은 속독 트레이닝을 실천하지 않아도 간단한 요령이나 테크닉만으로 어느 정도 속독 효과를 거둘 수 있습니다. 어디까지나 '어느 정도는'입니다.

그 방법을 다음 주제(섹션 05, 06)에서 설명하겠습니다. 내용의 핵심을 재빨리 파악하는 '단락 리딩'과 내게 필요한 부분만 찾아서 읽는 '스키밍 스캐닝'이 바로 그것입니다.

엄밀히 말해 속독법은 아래 2가지로 나뉩니다.

1. 정보를 빨리 찾기 위한 속독
2. 진짜 속독 (평소 읽을 때와 똑같은 이해도로 빠르게 읽는다.)

이 중에 전자, 즉 정보를 찾기 위한 속독은 딱히 트레이닝이 필요 없습니다. 사실 시중에 나와 있는 속독 책들 중에는 그처럼 효율적인 독서 요령을 알려주는 데 그치는 경우가 적지 않습니다. 요령만 알아도 충분히 가능한 속독(혹은 속독과 비슷한 것)인 한편, 후자는 이 책에서 자세히 설명하고 트레이닝하게 될 진짜 속독입니다.

그러면 본격적인 속독 트레이닝에 앞서 '단락 리딩'부터 간략하게 설명하겠습니다.

핵심을 재빨리 파악하는, 단락 리딩

'서점에 갔는데, 책들이 너무 많아서 뭘 읽어야 좋을지 잘 모르겠다.'라는 생각을 한 적이 있을 것입니다.

사실 무리는 아닙니다. 어느 출판 연구소의 통계에 의하면 하루에 200권에서 300권의 신간이 출간된다고 합니다. 게다가 이 종수는 매년 늘어납니다.

읽어야 할 책도 많고, 지식 사회라는 말에 걸맞게 날마다 쏟아지는 정보량도 어마어마합니다.

그중에 무엇이 내게 필요한 정보인가? 무엇이 내 운명을 바꿔줄 책인가? 정보가 너무 많아서 오히려 진짜 필요한 정보가 무엇인지를 알기 어려운 시대이지요.

하지만 방법은 있습니다. 이 같은 문제는 '정보를 찾기 위한 속독법'으로 웬만큼 해결이 가능합니다. 더욱이 이 속독법은 요령만 알아도 바로 써먹을 수 있습니다.

그 첫번째 요령이 '단락 리딩paragraph reading'입니다.

단락 리딩은 글 구조를 살펴 책에서 저자가 말하고자 하는 핵심 내용만을 재빨리 파악하는 방법입니다.

대다수 글은 '기승전결'이라는 구조를 의식하며 쓰입니다. 따라서 이 구조를 머릿속에 넣어두면 짧은 시간에 글의 요점을 파악할 수 있습니다.

구체적인 방법은 이렇습니다.

일단 '결(결론)' 부분을 먼저 읽습니다.

다음으로 '기승전' 부분을 빠르게 훑으며 대략의 흐름을 잡습니다. 이것으로 끝입니다. 매우 간단합니다.

한편으로 영어 글이나 비즈니스 문서의 상당수는 '핵심 개요 → 구체적인 예 1 → 구체적인 예 2 → 결론 정리'와 같은 구조로 되어 있습니다.

이 경우는 핵심에 해당하는 처음과 마지막을 읽은 다음에, 중간에 있는 구체적 사례를 눈으로 빠르게 훑는 것만으로 대략의 내용을 파악할 수 있습니다.

단락 리딩이 더욱 효과적인 경우는 논문이나 전문서를 읽을 때입니다. 왜냐하면 이런 종류의 글은 문장 구조나 흐름을 의식해서 쓰는 게 일반적이기 때문입니다. 이와는 달리, 인터넷 블로그 등 마음가는 대로 쓰인 글이나 구어체 문장(인터뷰나 대담집, 소설 등)은 그다지 해당하지 않습니다.

단락 리딩은 서점에서 내게 필요한 내용의 책을 빠르게 찾는 데에도 활용할 수 있습니다.

다만 모든 텍스트를 일일이 읽는 게 아니기 때문에 내 운명을 바꿀지도 모를 한 문장이 숨어 있다고 해도 알아차리지 못할 우려는 있습니다.

단락 리딩이란?

문장 구조로 핵심을 파악한다

보통의 문장 구조

기
↓
승
↓
전
↓
결

영어의 문장 구조
(비즈니스 문서 포함)

핵심 개요
↓
구체적인 예 1
↓
구체적인 예 2
↓
결론

〈단락 리딩의 장점과 단점〉

장점

- ▸ 글 구조만 이해해도 빨리 읽을 수 있다.(논문, 평론 등에 유리)
- ▸ 별도 트레이닝 없이 바로 활용할 수 있다.

단점

- ▸ 에세이처럼 임의로 쓰인 문장에는 적용이 어렵다.
- ▸ 읽지 않은 부분에 중요한 내용이 있을 가능성이 있다.

06

Section

필요한 부분만 읽는,
스키밍 스캐닝

트레이닝이 필요하지 않은 속독법 테크닉에는 스키밍 스캐닝 skimming scanning도 있습니다.

이 속독 방법은 '무엇에 대해 알고 싶은지?'를 명확히 한 다음에, 거기에 관한 내용을 찾아서(스캐닝) 읽는 방법입니다. 알고 싶은 부분은 평소처럼 정독으로 읽고, 그 외의 부분은 빠르게 훑으며(스키밍) 띄엄띄엄 읽습니다.

말하자면, 책에서 제대로 읽는 부분과 빠르게 훑고 지나가는 부분을 나누어 읽는 것입니다.

요즘 책들, 특히 자기계발서나 경제경영서는 목차를 미리 훑는 것만으로도 웬만큼 내용이 가늠되는 책들이 많습니다. 따라서 목차를 보며 전체 흐름을 대충 파악한 후에 스키밍 스캐닝을 하면 보다 수

월하게 읽을 수 있습니다.

다만 내용의 깊이가 있는 전문서, 혹은 목차 구성이 '친절하지' 않은 책들은 유의해야 합니다.

스키밍 스캐닝을 활용해 필요한 정보를 찾을 때 주의해야 할 게 있습니다.

'알고 싶은 것 외의 정보는 눈에 잘 들어오지 않는다.'라는 점입니다. 그래서 '무엇에 대해 알고 싶은지'를 명확히 하지 않으면 그 효과가 떨어지는 편입니다.

저의 경우는, 책에서 무엇이 알고 싶은지를 명확히 하는 데 시간이 제법 걸리는 일이 종종 있었습니다. 직장인 때는 '내가 그것을 확인할 시간 여유가 어딨어?'라고 할 정도로요. 물론 단락 리딩이나 스키밍 스캐닝 독서법을 몰랐을 때의 이야기입니다.

세상의 어떤 테크닉도 마찬가지일 텐데, 장점과 단점을 잘 알아야 가장 효율적으로 활용할 방법이 보이는 법입니다.

독서법 기술은 이 밖에도 다양하게 있습니다만, 요령을 아는 것만으로 바로 실천할 수 있는 속독법은 단락 리딩과 스키밍 스캐닝, 이 두 가지를 이해하는 것으로 충분합니다.

스키밍 스캐닝을 하는 방법

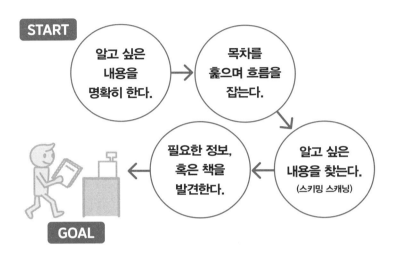

START

알고 싶은
내용을
명확히 한다.

목차를
훑으며 흐름을
잡는다.

필요한 정보,
혹은 책을
발견한다.

알고 싶은
내용을 찾는다.
(스키밍 스캐닝)

GOAL

스키밍 스캐닝의 장점과 단점

장점

- ▶ 필요한 정보를 효율적으로 찾을 수 있다.
- ▶ 별도 트레이닝 없이 바로 활용할 수 있다.

단점

- ▶ 알고 싶은 것 외의 정보는 눈에 잘 들어오지 않는다.
- ▶ 먼저 '알고 싶은 것들'이 명확해야 한다.

'읽으며 이해'에서 '보며 이해'하는 게 속독

지금부터는 진짜 속독법에 관해 설명하겠습니다.

속독은 책의 앞부분에서 언급한 3가지 프로세스 능력을 높임으로써 익힐 수 있습니다. 읽으며 이해하는 게 아니라 '보며 이해하기'가 가능해지는 것입니다. 이것이 진짜 속독입니다.

그런데, '보며 이해한다'는 게 어느 날 갑자기 되는 것은 아닙니다. 한번 생각해보기 바랍니다.

여태 한 글자 한 글자 따라 읽던 사람이 몇 가지 요령을 안다고 해서 바로 문장을 읽지 않고 이해할 수는 없습니다.

속독법 트레이닝은 어린 시절부터 익숙해져 있던 읽기 방식을 그만두고 새로운 읽기(빠르게 보며 이해하기)를 다시 익히는 과정입니다. 그

같은 습관의 교정이 하루아침에 가능한 일이 아니라는 사실에는 의심의 여지가 없습니다.

　속독을 한다는 말은
'읽으며 이해한다'에서
'보며 이해한다'로 책읽기 방식이 바뀐다는 의미입니다.

　이는 글자를 하나하나 '읽는' 게 아니라 시야에 글자 덩어리가 '순간적으로 들어오는' 상태입니다. 마치 일러스트를 보듯이 한눈에 받아들이는 것입니다.

　오랜 세월 동안 익숙해진, 글자를 따라 읽으며 이해하는 습관을 교정하기란 생각처럼 쉽지 않습니다. 단순히 몇몇 요령이나 테크닉만으로는 해결되지 않습니다.

　하지만 관점을 달리해 보자면, 예전 습관을 버리고 새로운 습관을 들이기만 하면 바로 활용할 수 있습니다. 실제로, 올바른 트레이닝을 꾸준히 실천하면 그렇게까지 어려운 일도 아닙니다.

　속독법은 타고나는 재능이나 기술이 아닙니다.

　속독 방법을 제대로 이해하고, 올바른 트레이닝을 꾸준히 하는지가 관건입니다. 속독이 가능한 사람과 그렇지 못한 사람의 차이는 오직 이것뿐입니다.

글자를 읽지 않고 보며 이해하기가 아직은 낯설고 잘 이해되지 않을 것입니다만, 원래 사람의 눈은 글자를 하나하나 따라 읽기보다 사물을 전체적으로 보는 데에 더 최적화되어 있습니다.

인류 최초의 기록은 글자가 아니라 그림이었고, 문자의 출현 또한 진화의 막바지에 이루어졌다는 게 이유입니다. 그전까지는 사물과 주변 상황을 한눈에 잘 보는 게 훨씬 중요했습니다.

글자를 읽지 않고 한눈에 보며 이해하기, 즉 시야를 넓혀 글자를 덩어리(블록)로 보며 이해하는 훈련은 4장에서 본격적으로 연습하게 됩니다. 시선을 빠르게 이동하는 트레이닝(3장에서 연습)에 이어, 시야 확대는 속독 실력을 향상시키는 두 번째 요소이자 속독의 가장 핵심이기도 합니다.

속독법 훈련은 하루 10분이면 된다

'속독 트레이닝을 꾸준히 해야 한다.'

이렇게 말하면 '번거로워요!' 혹은 '그럴 시간이 없어요.'라고 생각할지 모르겠습니다.

3장부터는 속독 트레이닝을 다양하게 설명할 텐데, 아무쪼록 마음을 놓기 바랍니다. 책에서 소개하는 모든 방법을 철저하게 익힐 필요는 없습니다.

학생이든 직장인이든 바쁜 게 당연합니다. 책의 모든 트레이닝을 완벽하게 익히려는 목표를 세우지 않기 바랍니다.

트레이닝 방법을 다양하게 소개하는 것은 그중에서 본인에게 맞고 편한 방법을 찾도록 하기 위해서입니다. 결코 모든 방법을 매일같이 연습하라는 게 아닙니다.

여러분은 속독법 전문가가 되는 게 목표는 아닐 것이기 때문입니다. 속독이라는 테크닉을 공부에서든 업무에서든 최대한 잘 활용할 수 있으면 그것으로 충분합니다.

예를 들어 시선의 움직임을 빠르게 하는 트레이닝 하나만을 꾸준히 따라 했을 뿐인데, 금세 독서 속도가 2배 이상 빨라진 분들도 드물지 않게 보았습니다. 특히 시력이 나쁘거나 눈이 자주 피로해지는 분들이 더욱 그랬던 것 같습니다.

시선 이동과 시야 확대, 인식력 높이기 같은 속독의 3가지 프로세스에서 한 종류의 트레이닝만이라도 올바르게 지속한다면 분명한 속독 효과를 얻을 수 있는 것입니다.

비록 모든 트레이닝을 소화해내지 못해도 이전보다 훨씬 빠르게 읽을 수 있으면 그만입니다. 따라서 너무 무리하지 말고 가능한 범위 내에서 연습하기 바랍니다.

글자를 한 자 한 자 눈으로 따라 읽는 대신에 '덩어리로 보는' 습관만 들여도 책읽기는 훨씬 빨라집니다.

책은 대개 1행이 25~30글자, 신문 1행은 14~16글자, 스마트폰 화면의 텍스트는 15~20글자 정도입니다. 보통의 사람이라도 순간적으로 7~11글자를 인식할 수 있으므로, 글자를 따라 읽는 대신에 보고 이해하게 되면 두세 번의 시점 이동으로 한 줄을 순식간에 읽어낼 수 있습니다.

시간으로 보자면, 하루에 10분 정도. 더욱이 책에서 소개하는 트레이닝은 특별한 준비가 필요 없고, 기다리는 시간이나 자투리 시간에도 충분히 연습이 가능합니다.

속독은 읽기 습관을 교정하는 일입니다.

그래서 아무것도 하지 않으면 어느새 원래로 되돌아갈 우려가 있습니다. 속독 방법을 익혔더라도 오랫동안 트레이닝을 하지 않는다면 예전의 책읽기 습관으로 되돌아가는 것입니다.

요컨대 평소의 독서를 겸해서 꾸준히 할 수 있는 트레이닝을 오래 지속하는 게 중요합니다.

마음 편하고 가볍게 할 수 있는 것이라면 뭐든 좋습니다. 일단 트레이닝을 실천해보기 바랍니다.

연습은 하루 10분, 가벼운 마음으로!

OK

할 수 있는 것만 한다.

- 속독 트레이닝 시간은 하루 10분
- 할 수 있는 트레이닝만 해도 충분하다.

NG

다양한 방법을 무리하게 시도한다.

- 완벽주의는 꾸준한 실천의 적!
- 꾸준히 할 수 있는 트레이닝을 지속한다.

내가 속독 챔피언이 되기까지

잠깐 저의 속독법 인생 이야기를 하고자 합니다.

머리말에서 언급했듯이 저는 국어 과목을 아주 못했습니다.

그래서 나름의 방법을 찾고자 중학교, 고교 시절에 속독법 관련 책과 통신 교재로 연습했지만, 실력은 거의 늘지 않았고 결국 포기하고 말았습니다.

끝내는 국어 자체가 싫어졌고, 대학을 졸업한 이후에는 책을 읽는 일조차 없었습니다.

하지만 나이가 들면서 돈과 경제에 대한 무지를 절감하고는 투자 공부를 결심하게 됩니다. 물론 문제가 있었습니다. 봐야 할 책들이 한두 권이 아니었던 것입니다.

국어를 싫어하고 한동안은 아예 책과 담을 쌓고 살아온 저였습니다. 투자 공부를 그만두고 싶은 생각도 몇 번이나 들었습니다만, 그마저도 여의치 않았습니다.

어쨌거나 투자 지식은 쌓아야 했고, 당시의 제게는 아주 많은 돈을 치르고 투자 관련 강의를 듣고도 있었기 때문입니다.

'돈이 아까워서라도 그만둘 수 없어······.'

이처럼 퇴로가 막힌 상황에서 어느 날 문득 다시 떠올린 게 속독법이었습니다.

예전에 실패한 경험이 있었으니까 똑같은 방법에 기댈 수는 없었습니다. 생각 끝에 지금은 없어진, 근처의 속독 학원을 다니기로 마음먹었습니다.

학원 수업을 들어보니 트레이닝 자체는 오래전에 했던 방법과 크게 다르지 않았습니다. '괜히 돈과 시간만 날리는 거 아냐?'라는 의문이 들 정도였지요.

하지만 학원을 꾸준히 다니면서 차츰 책을 읽는 속도가 올라가기 시작했습니다.

학원을 다닌 지 4개월쯤에는 '1만자/1분' 인정을 받을 만큼 실력이 향상되었습니다. 이 속도는 경제경영서 한 권을 약 15분 만에 읽는 빠르기입니다. 책읽기 속도는 1분간 읽은 행수 × 1행의 글자 수를 세면 되는데(자세히는 205p 참조), 일반인의 평균 속도는 1분간 600

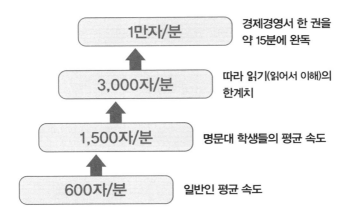

속독법 속도 참고 기준

1만자/분 — 경제경영서 한 권을 약 15분에 완독

3,000자/분 — 따라 읽기(읽어서 이해)의 한계치

1,500자/분 — 명문대 학생들의 평균 속도

600자/분 — 일반인 평균 속도

글자 정도입니다. 600글자는 기껏 책 1페이지를 조금 넘는 분량이지요. 300쪽 책이라면 한눈을 팔지 않고 읽어도 최소 4시간 이상 걸리는 셈입니다.

그즈음에 '속독법 대회에 한번 나갔으면 좋겠다.'라는 부탁을 받았습니다. 처음에는 그럴 계획이 전혀 없었으므로 아닌 밤중에 홍두깨처럼 들렸습니다.

하지만 '부탁은 인간관계의 척도'라는 말이 있지요? 테스트는 실력 향상의 기회이기도 하고요.

속독 대회에 참가하기로 했지만, 회사일이 바쁜 등의 이유로 더 이상 학원을 다니기는 어려웠습니다. 대회를 포기하거나 다른 방법을 찾아야 했습니다.

고민 끝에 문득 이런 생각이 들었습니다.

'학원을 다니지 않아도 올바른 방법을 바탕으로 트레이닝을 꾸준히 하면 되지 않을까?'

저는 이런 마음으로 혼자서 대회 준비를 했습니다. 올바른 이론을 토대로, 회사일 틈틈이 제 나름의 트레이닝 방법을 고안해 꾸준히 연습을 이어갔습니다.

속독법은 역시 제대로 된 방법과 트레이닝이 관건이었습니다. 저는 대회에서 좋은 성적을 거두었고, 학원을 다닌 지 9개월 만에 속독법 일본 챔피언이라는 명예를 얻었습니다.

속독 트레이닝은
어디서든 가능하다

저는 직장을 다니고 일을 하면서 속독을 배웠습니다. 시시때때로 어려움을 느껴야 했습니다. 당시는 학원에 다닐 시간도 충분하지 않았습니다.

그럼에도 꾸준히 속독 트레이닝을 지속해 일본 제일의 수준까지 오를 수 있었습니다. 특별히 저에게 재능이 있었기 때문은 아닙니다. 다만 나름의 비결은 있었습니다.

'읽으며 이해'에서 '보며 이해'하는 트레이닝을 평소에 꾸준히 실천하자!

일상생활을 하며 크게 무리하지 않고 실천할 수 있는 트레이닝을 정해서 '일단 하나라도 꾸준히' 연습하기로 마음먹었습니다.

그러자 예전 같았으면 '하지 않으면 안 되니까.'라며 억지로라도 연습해야 했던 트레이닝을 큰 부담을 느끼는 일 없이 자연히 실천하게 되었습니다.

단 한 가지 트레이닝뿐이었는데도 효과는 확실하게 있었습니다. 매일 실천할 만큼 무리가 되지 않는 트레이닝이라면 학원에 다니는 사람들보다 훨씬 많은 시간을 연습할 수 있습니다. 속독 실력이 그들보다 앞서는 것은 당연했습니다.

3장부터는 다양한 속독 트레이닝 방법을 소개합니다. 그것들 모두를 연습할 필요는 없고, 무리 없이 실천이 가능하도록 순서를 바꿔도 아무 문제없습니다.

먼저 본문 전체를 읽어서 속독법의 요령 전반을 이해한 후에 속독법 핵심 트레이닝, 즉 1. 시점 이동, 2. 시야 확대, 3. 인식력 높이기를 위한 기본 트레이닝과 내게 잘 맞을 것 같은 일상 속 트레이닝을 실천하면 됩니다.

중요한 것은 바른 요령(3가지 프로세스 능력을 어떻게 높일까?)을 이해하는 것과 트레이닝을 꾸준히 실천할 수 있는지 여부입니다.

11

속독법 숙달의 원칙,
완벽주의를 버려라!

제가 속독 학원에 다닐 무렵의 이야기인데, 주위에는 속독 실력이 뛰어난 사람들이 적지 않았습니다.

그에 비해 제 실력은 마음처럼 늘지 않았고, 예전에 속독에 좌절한 경험이 떠오를 때면 더더욱 자신감을 잃곤 했습니다.

하지만 속독법을 배우는 와중에 이런 생각이 들었습니다.

'그렇게 빨리 책을 읽어서 뭘 하려는 거지? 아무리 빨리 책을 읽게 되더라도 인생을 살아가는 데 활용할 수 없다면 아무 의미도 없지 않을까?'

확실히 제 주변을 보더라도 '누구보다 빠르게 책을 읽고 싶다.', '속독 대회에서 우승하고 싶다.' 같은 목표를 가지고 열심히 노력하는 사람들이 많았습니다.

하지만 저에게 속독법은 어디까지나 '수단'이었습니다.

속독법을 익혀서 많은 양의 학습 교재를 빠르게 떼는 것, 그리고 투자를 배우기 위해 치른 비용을 회수하는 게 목적과 중요성 측면에서 더 시급한 과제였습니다.

속독법의 세계에서 1등이 되고 싶다는 바람은 애당초 조금도 없었습니다.

그런데도 결과적으로 속독법 대회에서 우승하게 되었고, 속독법 훈련을 시작한 계기가 된 목적(투자 공부와 경제 강의 비용의 회수)도 달성할 수 있었습니다.

저와 학원의 다른 학습자들은 어떤 점이 달랐을까요?

가장 중요한 차이는 바로 '완벽주의를 추구하지 않았다.'라는 점입니다.

대회는 단 한 번의 진검승부입니다. 하지만 일상생활의 대부분 일들은 그렇지 않습니다. 잘 안 되면 새로운 방법으로 몇 번이고 다시 반복할 수 있습니다.

속독법은 원래 다른 사람에게 보여주거나 과시하려는 게 아닙니다. 애당초 속독은 '평소 읽을 때와 똑같은 이해도로 훨씬 빨리 읽으면 되는' 기술입니다.

속독법을 배웠든 아니든 한 번에 완벽하게 내용을 이해할 수 있는 게 아니라는 사실은 앞에서 밝혔습니다.

한 번에 이해할 수 없다면 몇 번이고 되풀이해 읽으면 됩니다.

만약 한 번을 읽어서 30%밖에 내용을 이해하지 못했다고 하더라도, 그 30%의 이해로 업무에 필요한 정보를 얻는다면 그것만으로 충분히 가치가 있습니다. 혹은 남들이 한 번 읽을 시간에 서너 번을 더 읽을 수도 있습니다.

굳이 속독 전문가가 되기 위해 무리하지 않고 일상생활 중에 적당히 노력해도 좋은 게 속독법 숙달 요령의 하나입니다. 속독법 익히기는 또 다른 목표를 이루기 위한 수단이어야 합니다. 부디 이 점을 유념하기 바랍니다.

무리하지 않는 게 숙달의 지름길

▶ 실패해도 다시 하면 된다

다음에는
더 잘할 수 있어!

▶ 한 번에 이해 못해도 다시 읽으면 된다

잘 이해되지 않는
부분은 다시
읽으면 되니까~

▶ '30%만 알면 OK'라는 마음으로 편안하게!

당장에 필요한 부분만
이해해도 충분해!

"어리석은 사람은 이름난 작가의 책이라면 무엇이든 찬미한다. 하지만 나는 오직 나를 위해서만 읽는다."라고 프랑스의 사상가 볼테르는 말했습니다.

속독도 그처럼 온전히 나를 위한 도구여야 하며, 하루 10분이라도 꾸준히 연습을 이어갈 때 누구나 속독법을 익힐 수 있습니다. 당신도 지금보다 10배 빠르게 책을 읽을 수 있습니다!

2장

—

속독법을 익히면
좋은 5가지 이유

01

정보 처리 능력이
월등하게 향상된다

속독법을 익히면 당연히 책 읽는 속도가 빨라집니다.

그런데 속독의 장점은 이뿐만이 아닙니다.

이 장에서는 속독법을 제대로 익히면 책읽기가 이전보다 몇 배나 빨라지는 데 더해 어떤 이로움이 있는지, 대표적인 장점 5가지를 살펴보겠습니다.

첫 번째 장점은 정보 처리 능력이 향상된다는 것입니다.

'책을 읽는다.'는 말은 책에 적힌 문자 정보를 처리한다는 의미입니다. 이것이 고속으로 가능해지는 게 속독입니다.

따라서 속독법을 익히면 정보 처리 능력이 월등하게 향상됩니다. 이는 두뇌 회전이 빨라진다, 판단력이 빨라진다고도 **바꾸어** 말할 수 있습니다.

오늘날은 기술이 극적으로 발전해 상당수 정보가 영상으로 처리되고 있습니다만, 그렇다고 텍스트를 접하지 않아도 되는 시대가 가까운 장래에 현실화되기는 어렵습니다. 공부나 업무, 시험, 지식 쌓기는 말할 것도 없고 방송 정보만 하더라도 여전히 자막에 기대는 바가 크니까요.

더욱이 앞으로의 시대는 한 분야를 깊이 있게 아는 것과 더불어 넓고 다양한 방면의 지식 습득을 소홀히 할 수 없습니다. 이를 위해 빠른 정보 처리 능력은 꼭 갖추어야 할 능력으로 자리매김할 게 틀림없습니다.

실제로 제가 속독을 가르치고 있는 수강생 중에는 회사원들이 많은 편인데, 이런 감상을 곧잘 듣습니다.

"이메일 체크 시간이 반으로 줄었어요."

"서류 검토가 4배 이상 빨라졌어요."

"하루에 책을 16권이나 읽었어요!"

이 정도 정보 처리력이면 책읽기뿐 아니라 다른 분야에서도 얼마든지 활용 가능하고, 두각을 드러낼 수 있을 것입니다.

시간 부족에서 해방된다

"일이 몰려들어서 한가하게 쉴 틈이 없어요."

"하고 싶은 일은 많은데, 늘 시간이 부족해요."

회사원이든 학생이든 자주 부딪히는 고민입니다.

저 역시 예전에는 그랬습니다. 시스템 엔지니어로 근무하던 시절에는 늘 업무와 시간에 쫓기는 생활을 했습니다.

퇴근하면 밤 10시가 넘는데도 아침 8시에는 다시 출근해야 했습니다. 출장도 잦은 편이어서 1년에 60번 넘게 비행기를 탄 적도 있습니다.

거의 매일 회사와 집만 오가는 생활이 되어 버렸습니다. 친구를 만나거나 여행을 떠날 여유가 없었습니다. 취미 생활도, 자기계발을 위한 자격증 취득도 엄두를 내지 못했지요.

급기야는 언젠가 독립해서 꼭 창업하겠다, 라는 꿈을 이루겠다는 자신감마저 흐릿해졌습니다.

각자의 사정은 다르겠지만, 시간에 늘 쫓기는 생활은 대개 마찬가지일 것입니다. 하지만 속독법을 익히면 이 같은 고민에서 벗어날 수 있습니다.

속독의 첫 번째 장점은 '정보 처리 능력 향상'이라고 앞에서 언급했습니다. 정보 처리력이 좋아진다는 말은 똑같은 일을 이전보다 짧은 시간에 끝낸다는 의미입니다.

보통 사람이 1시간 걸려서 처리하는 서류를 속독이 가능한 사람은 30분 이내로 끝내는 식입니다. 시험을 볼 때 긴 예시문을 읽는데 많은 시간을 허비할 필요 없이 불과 수 초 만에 내용을 파악할 수도 있습니다. 내용 파악이 순식간에 끝나는 만큼 당연히 다른 일에 시간을 활용할 수 있고요.

"이전보다 짧은 시간에 업무를 끝낼 수 있다."

속독은 독서에만 써먹을 수 있는 기술이 아닙니다. 텍스트로 된 모든 정보의 처리 능력이 월등하게 좋아집니다.

회사원에게는 보고서 작성부터 서류 검토, 업무 진행, 전화 응대

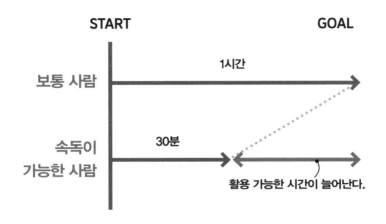

속독이 가능한 사람의 시간 활용

START   GOAL

보통 사람   1시간

속독이   30분
가능한 사람
                              활용 가능한 시간이 늘어난다.

등등 다양한 형태의 업무가 쉴 새 없이 이어집니다.

집중해서 처리해야 할 서류 업무의 시간 단위가 짧아지면 그만큼 다른 업무에 효율적으로 대처할 수 있습니다. 이는 결과적으로 생산성 향상으로 이어지고, '시간이 부족해!'라는 푸념은 마침내 사라질 것입니다.

공부와 업무
효율이 좋아진다

업무 효율이 향상되는 것도 속독법의 장점 중 하나입니다.

대개의 업무란 큰 목표를 달성하기 위해 무엇을 어떻게 하면 좋을지를 잘게 나눈 일의 연속입니다.

시야가 넓은 사람(정보 처리 능력이 뛰어난 사람)은 업무가 잘 진행되는 데 필요한 일의 흐름과 함께 일하는 사람들의 움직임을 의식하며 본인의 일을 하나하나 처리합니다.

그에 비해 시야가 좁은 사람(정보 처리 능력이 떨어지는 사람)은 눈앞의 일에만 집중하는 경향이 있습니다.

전체 흐름이 보이지 않고 주위의 움직임을 잘 모르기 때문에 뜻하지 않은 실수를 하거나 예상치 못한 문제에 대한 대처가 뒤처지게 마련입니다.

속독법을 익히면 시야가 넓어지게 됩니다. 그로 인해 업무 하나하나의 처리 속도가 빨라집니다.

시야가 넓고 업무 효율이 높은 사람은 목적지에 최단 거리로 다가갑니다. 하지만 시야가 좁고 효율이 낮은 사람은 길에서 헤매거나 돌아가기 때문에 목표 도달이 늦습니다.

업무 환경은 나날이 변화하고 있습니다. 기술 발달에 의해 다양한 작업이 자동화되어, 이전에 비해 훨씬 효율적으로 일할 수 있는 환경이 갖춰졌습니다.

향후 글자를 입력하는 등의 단순 업무는 차츰 사라질 것입니다. 하지만 아무리 자동화되더라도 최종적으로는 반드시 '사람의 눈'으로 확인해야 합니다. 자동화, 시스템화가 진행되면 될수록 우리가 처리해야 하는 업무 내용은 전반적인 확인, 판단의 비중이 커지는 것입니다.

이 상황에서 속독이 가능한 사람은 한 번에 인식 가능한 폭이 넓기 때문에 정보의 핵심이나 문제가 되는 포인트를 보다 빨리 발견할 수 있습니다.

문자 정보뿐만이 아닙니다. 예를 들어 결산서에 적힌 숫자나 그래프, 각종 데이터의 순간 인식력도 높아집니다.

비즈니스 현장에서 보다 빠르게 확인, 판단을 할 수 있게 되면 업무 처리력이 향상되어 나의 경쟁력 또한 커질 것입니다.

공부나 시험에서도 속독은 아주 유용한 무기가 되어줄 것입니다.

속독으로 읽는다고 해서 결코 문장 이해도가 떨어지는 게 아니라고 앞에서 설명했습니다. 남들이 교재를 한 번 읽을 때 두 번, 세 번 읽을 수 있으므로 그만큼 시간이 절약되고 이해도와 암기 수준이 높아집니다.

더욱이 한정된 시간 내에 문제의 요지와 예시를 파악해야 하는 시험이라면 속독의 효용성은 더욱 크다고 할 수 있습니다.

독서량이 많아져
삶이 풍요로워진다

속독의 다음 장점은 좋은 책과의 만남입니다.

뜬금없습니다만, 여러분은 책에 의해 인생이 극적으로 바뀐 경험이 있습니까? 저는 있습니다.

지금은 투자 관련 설명회도 열심히 다니지만, 예전에는 밤늦게 귀가해 컴퓨터 앞에서 마우스를 만지작거리며 외환 마진 거래foreign exchange margin trading를 하는 게 저의 일상이었습니다. 야금야금 금전 손실은 커져만 갔습니다.

그 와중에 만난 게 《부자 아빠 가난한 아빠》(로버트 기요사키)라는 책이었습니다.

이 책 덕분에 '돈이 일하게 함으로써 부를 창출해야 한다.'라는 가르침을 얻었고, 매일 밤 컴퓨터 앞에 앉아 모니터를 노려보는 생활에서 벗어날 수 있었습니다.

이후에는 일상생활을 하며, 그러니까 회사 일을 하고 친구나 가족과 시간을 보내는 중에도 돈이 스스로 불어나는 투자 시스템 만들기를 실천할 수 있었습니다. 그와 함께 투자 실적도 월등하게 좋아졌습니다.

"책을 읽는다는 것은 평소에는 결코 만날 기회가 없는 유명 인사, 아예 만남이 불가능한 세계 위인들의 생각과 그 특유의 가르침을 마주하는 일입니다."

책에 한정되는 이야기는 아닐 텐데, 의식이 뛰어난 사람이나 뛰어난 능력을 갖춘 사람과 함께하는 시간이 길수록 나의 성장은 가속화됩니다. 경제적, 사회적 능력뿐 아니라 지혜와 인성이 길러지기도 합니다. 그것을 가능하게 해주는 가장 고마운 존재가 바로 책이라는 수단입니다.

어느 한 분야의 일인자가 쓴 글은 나 혼자라면 절대 다다를 수 없는 깨달음을 얻는 기회가 됩니다. 독서는 책에서 인생의 값진 기회를 찾아내는 일입니다.

사람은 독서를 통해 성장한다

책읽기는 일류의 생각을 만나는 일이다.

　속독법이 좋은 책과의 만남을 가깝게 해주고, 그로써 우리의 삶은 더욱 알차게 변화할 것입니다.

　유유상종類類相從이라는 말이 있지요? 일류인 누군가가 쓴 책을 읽음으로써 내가 일류에 좀 더 가까워지는 이치이지요. 속독은 그를 위한 매우 유용한 도구가 됩니다.

05
Section

속독을 하면
시력이 좋아진다

"속독과 시력이 무슨 관계가 있어요?"

이렇게 생각할지 모르겠습니다만, 속독법 트레이닝을 실천하는 와중에 시력이 좋아지는 경우는 의외로 빈번합니다.

우리의 눈은 근육을 이완하거나 수축함으로써 보고자 하는 대상에 초점을 맞추어 사물을 봅니다.

그런데 눈 근육이 약해지면(이완과 수축이 원활하지 않다.) 초점을 잘 맞출 수가 없습니다. 시력이 나빠지는 것이지요.

속독을 가능하게 해주는 요소 중 하나는 '시선을 빠르게 움직이기'입니다. 이 트레이닝 과정을 통해 시력이 향상되는 경우가 자주 있습니다.

시선을 빠르게 이동해 눈의 움직임을 부드럽게 하는 게 트레이닝의 원래 목적입니다. 이 같은 안근 훈련으로 눈 근육이 부드러워지면 시력이 향상되는 것은 과학적으로도 자연스러운 현상입니다.

수강생들 중에도 그런 사례가 있었습니다.

"안경 도수가 2단계 좋아졌어요."

"시력이 0.3에서 0.8로 좋아져서 안경을 벗게 되었어요."

눈 근육은 평소 어떤 상태로 사용하는지에 따라 개인차가 큽니다. 따라서 속독법을 배우는 모두의 시력이 좋아진다고는 단정할 수 없습니다. 하지만 속독을 가르치며 "눈의 피로가 사라졌어요."라는 말은 흔히 듣습니다.

종일 컴퓨터 모니터를 바라보며 일하는 직장인은 본인이 생각하는 이상으로 눈을 혹사하고 있습니다. 그처럼 지친 눈의 피로를 속독법 트레이닝으로 풀어줄 수 있습니다.

3장

—

속독의 핵심 트레이닝 1

시선을
빠르게 움직인다

01 시선을 빠르게 움직이며 읽기란?

드디어 이 장부터는 속독법 트레이닝을 시작합니다.

1장에서 설명했듯이 속독을 익히려면 여태의 읽기 습관을 새로운 방식(보며 이해하기)으로 바꿔야 합니다.

따라서 평소에 트레이닝을 꾸준히 하려는 태도가 중요합니다.

다만 갑자기 모든 것을 완벽하게 하려고 하지 말고, 가능한 것부터 실천하기 바랍니다.

가장 먼저 시작하는 속독 트레이닝은 시선을 빠르게 움직이는 연습입니다. 즉 시점 이동 훈련입니다.

트레이닝에 들어가기에 앞서 '시선을 빠르게 움직인다.'는 것의 의미부터 살펴보겠습니다.

당연한 말입니다만, 책은 눈을 사용해 읽습니다. 어느 한 부분을 읽었으면 다음 부분으로 시선을 옮기고, 그 부분이 끝나면 다시 시선을 이동하는 식으로 반복합니다.

씌어 있는 문장을 한 글자, 한 단어씩 따라가며 읽기(묵독, 음독)든, 문장을 순간적으로 보며 이해하는 속독으로 읽기든 텍스트를 연속해서 보려면 반드시 시선을 계속 움직여야 합니다.

시선 이동이 빠르며 빠를수록 빨리 읽을 수 있습니다. 이것이 속독의 첫 번째 요소입니다.

읽기의 3가지 프로세스, 즉 '시선을 이동한다 ⇒ 글자를 본다 ⇒ 내용을 인식한다' 중에서 첫 번째 요소를 가속화해 결과적으로 빠른 책읽기가 가능해지는 것입니다.

읽거나 이해하지 않고, 보는 것에만 집중한다

시선을 빠르게 움직이는 트레이닝에서 반드시 유념해야 할 게 하나 있습니다.

이해가 되지 않아도 좋다.

'책이나 문장을 읽을 때는 꼭 이해해야 한다.' 이것은 우리 몸에 배어있는 오랜 습관입니다.

이제껏 익숙해져 있던 글자를 하나하나 따라 읽는 방식을 교정하는 첫걸음은 '이해하려고 하지 않기'입니다. 여하튼 시선을 빠르게 움직이는 것에만 집중합니다.

지금 하는 연습의 가장 큰 목적은 어디까지나 '읽는 습관'을 고치는 일입니다.

연습 단계에서는 문장을 이해하지 못해도 전혀 문제없습니다. 오히려 문장을 이해하려고 하면 아무래도 시선의 움직임이 늦어지고 맙니다. 그래서는 연습 효과가 떨어질 수밖에 없습니다.

글을 읽는 속도가 늦는 사람은 몇 가지 습관이 있습니다.

가장 전형적인 습관이 읽는 도중에 책에 집중하지 못하고 이런저런 딴 생각을 하는 것입니다. 책을 읽는 속도가 늦으면 단어나 문장 사이사이에 잡념이 끼어들게 마련입니다.

달리 말하자면, 읽기가 늦는 게 아니라 읽지 않는 시간이 너무 긴 것입니다. 책을 한 시간 동안 읽는데 30분 동안 다른 생각을 한다면 그만큼 속도는 반으로 줄어드는 이치이지요.

시선을 빠르게 움직여 읽는 시간을 최대한 단축하는 것. 이것이 속독법 숙달의 기본입니다.

여태의 책읽기 방식과 속독 트레이닝은 별개로 여기기 바랍니다. 글자를 하나하나 읽거나 이해하려고 하지 말고 우선은 '빠르게 보는 것'에 익숙해져야 합니다.

시점 이동 기본 트레이닝 1
안근 트레이닝

그러면 안근(눈 근육) 트레이닝을 시작하겠습니다.

시선을 빠르게 움직이기 위한 기본 트레이닝입니다. 기본 트레이닝이라는 말은 속독법 학원에서 언제나 기본으로 연습한다는 뜻이기도 합니다.

먼저 어떤 트레이닝인지를 이해한 다음에, 시점 이동 기본 트레이닝과 일상에서 언제든 가능한 연습(87p부터 소개) 중에 내게 적당한 것들을 정해 꾸준히 실천하면 합니다.

안근 트레이닝은 글자 그대로 눈 근육 트레이닝입니다.

트레이닝이라고 하면 근육을 단련하는 듯한 이미지가 떠오를지도 모르겠습니다.

하지만 여기서는 눈의 스트레스를 해소해 부드럽고 빠르게 움직이게 한다는 느낌을 가지기 바랍니다. 본 운동(본격적인 시점 이동, 시야 확대, 인식력 높이기)을 하기 전의 스트레칭 감각입니다.

STEP 1 트레이닝 시트를 준비한다.

77~81p에서 활용하는 시점 이동 시트를 준비합니다.(1~5번 시트. 책의 부록 시트를 이용하거나, 출판사 블로그에서 다운로드) 반드시 A4 사이즈에 인쇄된 시트여야 합니다.

요즘은 시점 이동 트레이닝을 위한 스마트폰 앱마저 있는 것 같습니다만, 작은 화면으로 연습해봤자 별 효과가 없습니다. 눈을 움직이지 않아도 양 끝단의 숫자가 한눈에 보이기 때문에 트레이닝 의미가 사라지는 것입니다.

시점 이동 트레이닝은 머리를 고정한 채 안구만을 규칙적인 속도로 빠르게 움직이는 게 중요합니다.

인쇄물을 보는 트레이닝이 정 불편하다면 17인치 이상의 모니터에 A4 크기로 화면을 띄워서 연습할 수도 있습니다. 이때 화면과 눈의 거리는 너무 멀지 않아야 합니다.

물론 훈련 효과나 활용성 측면에서 종이 트레이닝 쪽이 훨씬 낫기는 합니다.

STEP 2 가로 → 세로 → 횡대각 → 종대각 순서로(1~4번 시트)

시점 이동 훈련에서 중요한 것은 가로(횡)나 세로(종) 등으로 한쪽에 치우친 트레이닝을 하지 않기입니다.

순서는 책에 나와 있는 그대로 하지 않아도 좋은데, 가로와 세로, 대각으로 균형 있게 눈을 움직이도록 합니다.

트레이닝 시트를 들고 눈으로부터 15~20cm 거리로 가까이에 둡니다. 그리고 시트의 각 점을 따라 0.5초 이내의 속도 간격으로 눈동자를 크게 움직입니다.(1번과 2번 시트는 숫자를 따라 왕복한다. 즉 1에서 10까지 보고 나서 9, 8 …… 3, 2, 1로 돌아온다.)

이렇게 가로와 세로, 대각 시트(1~4번까지)를 각각 30초씩 빠르게 응시합니다.

만약 콘택트렌즈를 착용했다면 꼭 뺀 다음에 시점 이동 트레이닝을 해야 합니다. 눈알이 생각 이상으로 빠르고 격하게 움직이기 때문입니다.

트레이닝 중에는 시선을 크고, 빠르게 움직이는 것을 의식합니다. 엄밀히 말하면 빠르게 움직이기보다 크게 움직이는 것을 우선하는 게 좋습니다.

빠른 움직임에만 열중하면 눈이 따라오지 못하는 경우가 있는데, 본인은 그것을 깨닫기 어렵기 때문입니다.

그리고 너무 빠르게 움직이려는 나머지 머리나 몸을 돌려서 양쪽의 점을 보려는 사람도 있으므로 주의합니다. 눈을 움직이지 않는 한 트레이닝 효과는 없습니다.

각 점을 따라서 눈을 크게 움직여야 한다는 사실을 꼭 의식하기 바랍니다.

STEP 3 원 운동으로 마무리한다.(5번 시트)

이렇게 약 2분간의 트레이닝이 끝나면 마지막에는 원 운동으로 마무리합니다. 원 운동이란 트레이닝 시트(81p)를 보며 시선을 안팎으로 둥글게 돌리는 것을 말합니다.

시트 위치는 똑같이 눈으로부터 15~20cm. 한 바퀴 왕복하는 데 10초 정도로 천천히 시선을 움직입니다. 원 운동을 3번 반복하는 것으로 안근 트레이닝을 마칩니다.

시점 이동 트레이닝 주의점

- 가로, 세로, 대각으로 균형 있게 연습한다.
  (한쪽에 치우친 트레이닝은 NG)
- 눈으로부터 15~20cm 거리를 둔다.
- 각각의 점을 0.5초 이내의 속도로 본다.(총 30초간)
- 콘택트렌즈는 뺀다.
- 눈을 빠르게 움직이기보다 크게 움직인다.
- 머리나 몸은 그대로 두고 눈만 움직인다.

시점 이동 트레이닝(좌우)

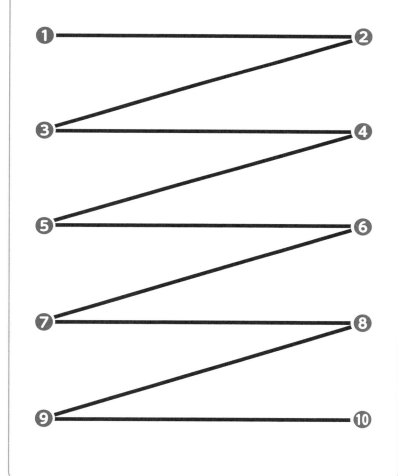

시점 이동 트레이닝(상하)

시점 이동 트레이닝(횡대각)

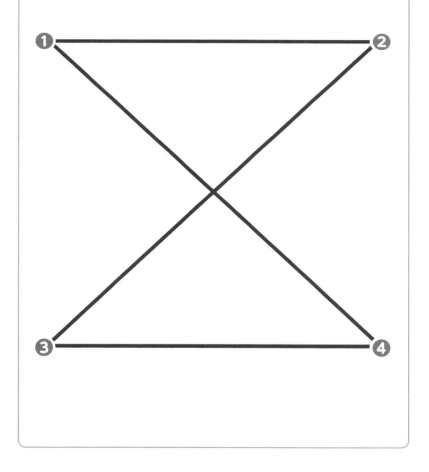

시점 이동 트레이닝(종대각)

시점 이동 트레이닝(원 운동)

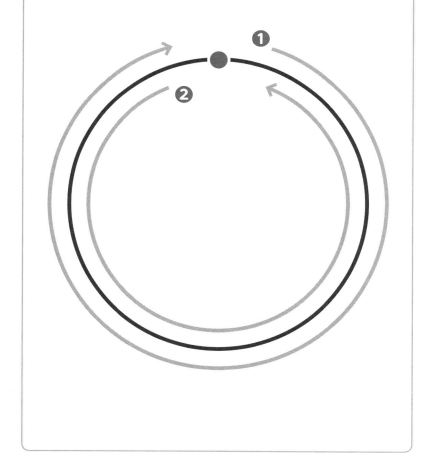

시점 이동 기본 트레이닝 2
기호와 문자 2점 읽기

시점 이동 기본 트레이닝 두 번째는 2점 읽기입니다.

'읽기'라고 되어 있습니다만, 평소 독서할 때의 읽기 방식은 필요 없습니다.

앞에서도 언급했듯이 글자를 신경쓰지 않고 '빠르게 보는' 습관을 들이는 것만 의식하기 바랍니다.

 트레이닝 시트를 준비한다.

안근 트레이닝 때와 마찬가지로 부록의 트레이닝 시트를 준비합

니다. 기호와 글자의 2종류가 있는데, 모두 A4 사이즈의 시트를 사용합니다.(부록 시트 06, 07)

기호 2점 읽기 트레이닝(6번 시트)

먼저 기호 2점 시트로 트레이닝합니다.

84쪽의 시트를 보면 좌우의 점 사이에 기호가 나열되어 있습니다. 어떤 기호인지는 의식하지 않아도 됩니다.

1행부터 좌우의 점(◆)만을 교대로 응시합니다.

시간은 60초를 기준으로 합니다. 다만, 안근 트레이닝과는 달리 시트를 눈 가까이로 가져올 필요는 없습니다. 몸과 마음이 편안한 상태로 보면서 시선을 빠르게 움직입니다.

주의할 점은 '가능한 한 빠르게' 보는 것입니다. 빠르게 볼 수 있다면 고개를 움직여서 봐도 좋습니다.

종이에 적혀 있는 것은 모두가 기호입니다.

읽거나 이해하며 봐야 할 것은 아무것도 없으므로, 여하튼 빠르게 시트의 1행부터 마지막 행까지 몇 번이나 반복할 수 있는지, 여기에만 집중해서 연습합니다.

기호 2점 읽기

◆ @@@@@@@@@@@@@@@@@@@@@@@@@@ ◆
◆ & & & & & & & & & & & & & & & & & & & & & & & & & & ◆
◆ ☆☆☆☆☆☆☆☆☆☆☆☆☆☆☆☆☆☆☆☆☆☆☆☆☆ ◆
◆ * ◆
◆ ∞∞∞∞∞∞∞∞∞∞∞∞∞∞∞∞∞∞∞∞∞∞∞∞∞∞ ◆
◆ ♀♀♀♀♀♀♀♀♀♀♀♀♀♀♀♀♀♀♀♀♀♀♀♀♀♀ ◆
◆ △△△△△△△△△△△△△△△△△△△△△△△△ ◆
◆ ※※※※※※※※※※※※※※※※※※※※※※※※ ◆
◆ $ ◆
◆ ♪♪♪♪♪♪♪♪♪♪♪♪♪♪♪♪♪♪♪♪♪♪♪♪ ◆
◆ ◎◎◎◎◎◎◎◎◎◎◎◎◎◎◎◎◎◎◎◎◎◎◎ ◆
◆ ############################# ◆
◆ ? ◆
◆ ~~~~~~~~~~~~~~~~~~~~~~~~~~~ ◆
◆ ʕʕʕʕʕʕʕʕʕʕʕʕʕʕʕʕʕʕʕʕʕʕʕʕʕʕ ◆
◆ ¥¥¥¥¥¥¥¥¥¥¥¥¥¥¥¥¥¥¥¥¥¥¥¥¥¥ ◆
◆ =========================== ◆
◆ ◇◇◇◇◇◇◇◇◇◇◇◇◇◇◇◇◇◇◇◇◇◇◇◇ ◆
◆ ±±±±±±±±±±±±±±±±±±±±±±±±±±±±± ◆
◆ □□□□□□□□□□□□□□□□□□□□□□□□□ ◆
◆ ҬҬҬҬҬҬҬҬҬҬҬҬҬҬҬҬҬҬҬҬҬҬҬҬ ◆
◆ ♂♂♂♂♂♂♂♂♂♂♂♂♂♂♂♂♂♂♂♂♂♂♂♂ ◆
◆ ΩΩΩΩΩΩΩΩΩΩΩΩΩΩΩΩΩΩΩΩΩΩΩΩ ◆
◆ >>>>>>>>>>>>>>>>>>>>>>>> ◆
◆ ΨΨΨΨΨΨΨΨΨΨΨΨΨΨΨΨΨΨΨΨΨΨΨΨΨ ◆
◆ αααααααααααααααααααααααααα ◆

문자 2점 읽기 트레이닝(7번 시트)

　왼쪽의 기호 2점을 60초 동안 보았으면, 다음은 뒷페이지의 문자 2점 시트를 사용합니다.

　요령은 기호 시트의 경우와 똑같습니다. 시트를 편안하게 잡고 얼굴을 가까이 댈 필요도 없이, 1행부터 끝까지 좌우의 점(◆)만을 가능한 한 빠른 속도로 응시합니다.

　기호 시트에서는 중간에 기호가 나열되어 있는 데 비해, 이번에는 문장입니다. 문장으로 바뀌었어도 내용을 기억하거나 이해할 필요는 전혀 없습니다. 기호 시트에서처럼 가급적 빠르게 보는 것에 집중합니다. 이것을 60~90초 동안 보면 됩니다.

　기호나 문자가 똑같은 시트로 2점 읽기를 반복하는 게 지루하다면 일반 책으로 연습할 수도 있습니다. 책을 들고 오로지 행의 양 끝만을 고속으로 응시하는 방법인데, '언제든 가능한 연습'(94p) 중 하나로서 뒤에서 다시 설명하겠습니다.

문자 2점 읽기

가을비가 내리는 어느 밤의 일입니다. 나를 태운 인력거는 오모리 근처의 가파른 언덕을 오르내리더니, 이윽고 대나무 숲으로 둘러싸인 작은 서양식 건물 앞에 인력거 손잡이를 내렸습니다. 쥐색 페인트가 벗겨진 좁디좁은 현관에는 인력거꾼이 내민 초롱 불빛 너머로 '인도인 마티람 미스라'라고 일본어로 쓰인, 이것만큼은 새것인 도자기 문패가 걸려 있었습니다.

마티람 미스라 씨라고 하면 여러분 중에도 아시는 분이 적지 않을 것 같습니다. 미스라 씨는 오랫동안 인도의 독립을 도모해온 캘커타 출신의 애국자입니다. 그런 한편으로 핫산 칸이라는 저명한 바라문의 비법을 전수받은, 젊은 마술의 대가이기도 합니다. 나는 마침 한 달쯤 전부터 한 친구의 소개로 미스라 씨와 친분을 쌓고 있었는데, 정치경제 문제 따위는 다양하게 토론한 적이 있어도 정작 마술을 할 때는 여태 한 번도 곁에 있었던 적이 없습니다. 그래서 오늘밤은 마술을 보여 달라고 미리 편지로 부탁해두고, 당시에 미스라 씨가 살던 적막한 오모리의 변두리까지 서둘러 온 것입니다.

나는 비에 젖은 채 어렴풋한 등불 빛에 의지하며 문패 아래의 벨을 눌렀습니다. 그러자 곧바로 문이 열리더니 현관에 얼굴을 내민 이는, 미스라 씨의 시중을 들고 있는 키가 작은 일본인 노파였습니다.

"미스라 씨는 계신지요?"

"계십니다. 아까부터 손님을 기다리고 계세요."

노파는 이처럼 상냥하게 말하며 현관의 저 안쪽 끝에 있는 미스라 씨의 방으로 나를 서둘러 안내했습니다.

"안녕하세요. 비가 오는데도 잘 오셨어요."

피부가 검고 눈이 크며, 부드러운 콧수염의 미스라 씨는 테이블 위 석유램프의 심을 꼬면서 밝게 인사했습니다.

— 〈마술〉(아쿠타가와 류노스케)에서 발췌

언제든 가능한 연습 1
자리에 누워 시점 트레이닝

　지금부터는 시점 이동 트레이닝을 일상생활에 응용한 방법을 소개합니다. 이 훈련을 할 때 주의할 점은 앞에서 설명한 시점 이동 기본 트레이닝과 같습니다. 어떤 방식이었는지를 떠올리며 비슷한 요령으로 연습하면 합니다.

　기본 트레이닝에서는 'ㅇㅇ초'처럼 트레이닝 시간을 설정했는데, 일상생활 속 트레이닝은 굳이 시간에 얽매이지 않아도 좋습니다. 목표 시간은 적혀 있지만, 그보다는 꾸준히 실천하는 데 주의를 기울이기 바랍니다.

속독은 테크닉이 아니라, 읽는 방법의 교정입니다.

읽는 습관을 바꿔야 하는 것이기 때문에 평소에 꾸준히 연습하는 게 무엇보다 중요합니다. 극단적으로 말해, 하루에 불과 몇 초라도 좋으니까 직접 해보는 게 낫습니다.

먼저, 잠자리에 누워서도 할 수 있는 시점 이동 트레이닝입니다. 예를 들어 자리에 누워 천장을 올려다봅니다. 천장의 사각형 벽이 보일 텐데, 벽 모양과 네 가장자리를 기준으로(상하좌우에 기준점이 있다고 여기고) 시선을 빠르게 움직이면 됩니다.

이때 시선 이동은 '안근 트레이닝'(77~81p)과 똑같은 순서로 하는 게 좋습니다. 즉 **'가로 → 세로 → 횡대각 → 종대각 → 원 운동'**인데, 이 순서를 너무 엄밀하게 따르지 않아도 됩니다. 트레이닝 순서나 방법, 연습 시간보다는 가급적 매일 실천하는 게 더 중요하기 때문입니다.

다만 한 가지, 유의사항이 있습니다. 시선을 크게 움직여야 한다는 점입니다. 그리고 0.5초 속도 이내로 시선을 빠르게 움직이는 데에도 주의를 기울입니다.

누워서 시점 이동하기

● 연습 대상

천장 모양과 네 모서리를 기준으로

● 연습 시간

가로, 세로, 횡대각, 종대각을 각각 30초씩
원 운동은 시계 방향, 반시계 방향으로 3회 반복

● 트레이닝 순서

① 누어있는 상태에서
천장을 본다.

② 천장의 임의의 기점을 따라
시선을 움직인다.

원칙은 가로→ 세로→ 횡대각→ 종대각→ 원 운동으로 마무리

● 트레이닝 주의점

☐ 시선을 크게 움직인다.

☐ 시선을 움직이는 속도는 0.5초 이내(원 운동은 천천히)

● 효과

☐ 시선 움직임이 부드러워지고 빨라진다.

☐ 눈의 스트레스가 해소된다.

언제든 가능한 연습 2

벽을 활용한 시점 트레이닝

이번에는 천장이 아니라, 벽면의 기점을 활용하는 시점 이동 트레이닝입니다.

방법은 사각 기준이 되는 지점, 포인트를 떠올릴 벽이 있으면 언제 어디서든 가능합니다. 천장을 볼 때처럼 장소에 구애받을 필요도 없습니다. 이 트레이닝 역시 중요한 것은 무리하지 않고 꾸준히 지속할 수 있는지 여부입니다.

예컨대, 욕조에서 편안히 휴식을 취할 때라면 안근 트레이닝을 위한 최적의 시간입니다. 욕조 안에서 벽면의 기준점을 정해 시선을 규칙적으로 크고 빠르게 움직입니다.

욕조에서 시점 이동하기

● 연습 대상

벽면의 사각 기준점, 모서리를 기준으로

● 연습 시간

가로, 세로, 횡대각, 종대각을 각각 30초씩

원 운동은 시계 방향, 반시계 방향으로 3회 반복

● 트레이닝 순서

1. 욕조에서 벽면을 바라본다.

2. 벽면의 임의의 기점을 따라
시선을 움직인다.

   원칙은 가로→ 세로→ 횡대각→
   종대각→ 원 운동으로 마무리

● 트레이닝 주의점

☐ 시선을 크게 움직인다.

☐ 시선을 움직이는 속도는 0.5초 이내(원 운동은 천천히)

● 효과

☐ 시선 움직임이 부드러워지고 빨라진다.

☐ 눈의 스트레스가 해소된다.

언제든 가능한 연습 3
집 밖에서 하는 시점 트레이닝

지금까지는 집에서 하는 시점 이동 트레이닝을 소개했습니다만, 시선을 움직이는 기준, 표시가 되는 포인트만 있으면 굳이 실내가 아니라도 연습이 가능합니다.

예컨대 전철을 기다리는 중에도 얼마든지 시점 이동 트레이닝을 할 수 있습니다. 전철 홈에서 기둥의 기준점을 번갈아 보는 것도 시선 운동이 됩니다. 도서관에서 좌우 서가를 번갈아가며 보는 것도 마찬가지입니다.

물론 시선을 움직이기만 하면 다 되는 것은 아닙니다. 앞에서 설명한 시점 이동 기본 트레이닝 요령을 떠올려서 눈만 빠르게 움직이는 것을 의식해야 합니다. 그러면 한 번 연습하는 데 몇 초~몇십 초라고 해도 충분히 효과가 있습니다.

실외에서 시점 이동하기

● 연습 대상

임의의 사각 기준점, 모서리를 기준으로

● 연습 시간

가로, 세로, 횡대각, 종대각을 각각 30초씩
원 운동은 시계 방향, 반시계 방향으로 3회 반복

● 트레이닝 순서

1 양 기준점을 정한다.

(예 : 지하철 기둥, 도서관의 서가)

2 양 기준점을 번갈아가며
시선을 움직인다.

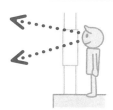

● 트레이닝 주의점

☐ 시선을 크게 움직인다.

☐ 시선을 움직이는 속도는 0.5초 이내(원 운동은 천천히)

● 효과

☐ 시선 움직임이 부드러워지고 빨라진다.

☐ 눈의 스트레스가 해소된다.

이번에는 '2점 읽기 트레이닝'의 응용 연습을 소개하겠습니다.

2점 읽기는 기호를 이용한 방법과 문자를 이용한 방법 2가지를 설명했는데, 여기서는 트레이닝 시트를 대신해 임의의 책을 이용한 시점 이동 훈련입니다. 서점도 좋고 도서관도 좋습니다. 물론 집 서재에 있는 책이라도 상관없습니다.

소설이든 자기계발서든 가리지 않으므로 마음에 드는 책을 한 권 펼쳐듭니다. 방법은 2점 읽기 때와 마찬가지입니다. 가로 문장의 왼쪽과 오른쪽 끝에 기준점이 있다고 여기고, 오로지 고속으로 시선을 움직이면 됩니다.

각 행의 시작과 끝만을 빠르게 보면서 책장을 넘기면 되는데, 책 한 권을 다 봐도 좋고 한두 챕터만 봐도 좋습니다. 트레이닝 시간과 분량에 제한은 없습니다.

그리고 한 가지 읽기 요령이 있습니다. 책을 읽기 전에 그 책의 목차를 미리 훑어보기를 권합니다. 고속으로 시선을 움직이더라도, 목차를 간략하게나마 파악해두면 내용 흐름이 어느 정도 머리에 들어올 것입니다.

속독 트레이닝을 겸해서 필요한 책, 읽고 싶은 책을 활용하면 정보 습득에 조금이라도 도움이 되니까, 일석이조이지요.

다만 현 단계에서는 시선을 빠르게 움직이는 게 중요하므로 내용 이해는 의식하지 않기 바랍니다. 내용을 이해하는 트레이닝은 5장의 인식력 높이기 파트에서 다루겠습니다.

이것으로 시점 이동 트레이닝 설명을 마칩니다.

중요한 것은 트레이닝 방식보다 꾸준한 실천입니다. 시점 이동 기본 트레이닝만을 고수할 게 아니라, 내게 편한 방식을 골라서 하루 10분이라도 꾸준히 해보기 바랍니다.

다음 장에서는 속독의 가장 핵심이라고 할 수 있는 시야 확대 요령을 설명하겠습니다.

책을 고속으로 보며 넘기기

● 연습 대상

책에서 각 행의 양 끝을 기준으로

● 연습 시간

한 권을 보는 데 60~90초(그 이상이라도 OK)

● 트레이닝 순서

각 행의 양 끝을 빠르게 번갈아 보며
책장을 넘긴다.

● 트레이닝 주의점

☐ 내용 이해는 신경 쓰지 말고, 가급적 시선 속도를 빠르게 한다.
☐ 각 행의 시작과 끝만을 본다.
　　(음악을 들으면서 보면 문자를 덜 의식하게 되므로 권장한다.)

● 효과

☐ 글자를 따라 읽는 습관이 교정된다.
☐ 시선 움직임이 부드러워지고 빨라진다.

4장

—

속독의 핵심 트레이닝 2

글자를 보는
시야를 넓힌다

마음속으로 따라 읽기부터 그만둔다

시선을 빠르게 움직이는 트레이닝 다음으로, 이 장에서는 글자를 보는 폭을 넓히기 위한 트레이닝을 합니다. 이는 속독법 숙달의 두 번째 요소에 해당합니다.

본격적인 트레이닝 전에 명심해야 할 게 있습니다.

마음속으로 따라 읽기를 그만둔다.

초등학교 시절의 국어 수업에서 교과서를 음독하던 기억이 다들 있을 것입니다. 문장을 소리 내어 읽곤 했지요.

그때부터의 습관으로, 우리는 글을 읽을 때 자연히 머릿속에서 속 발음(묵독)을 하게 됩니다. 글자나 단어를 하나하나 마음속으로 따라 읽으며 시선을 움직이는 상태입니다.

발음 기관을 이용한 읽기는 한계가 있을 수밖에 없습니다.

마음속으로 따라 읽기를 하는 한 어쩔 수 없이 한 글자씩 받아들이던 책읽기 습관을 떨쳐내지 못합니다. 당연히 속독법 숙달이 이루어지지 않습니다.

물론 음독은 나름의 효과가 있습니다. 언어 학습에 도움을 주는 기억 정착력을 높이고 언어 감수성을 길러주는 효과 등입니다. 특히 유아나 어린이의 음독은 더욱 중요합니다.

하지만 어느 정도 어휘력이 붙은 후에는 따라 읽기에 머물지 않고 '글자를 보며 이해하는 읽기'로 넘어가는 편이 낫습니다.

따라 읽기(묵독)의 속도는 대개 1분에 600자 정도입니다. 묵독을 하더라도 대다수는 속으로 발음하며 읽는 습성이 있습니다. 그래서 제 아무리 빨리 읽는다고 해도 따라 읽기로 읽는 한 3,000자/분이 한계입니다. 아주 빠른 경우라도 그렇습니다.

3,000자/분의 속도라면 두껍지 않은 경제경영서 한 권을 읽는 데 1시간쯤 걸립니다. 한편, 속독 학원에서 목표로 하는 수준은 1만자/분, 한 권을 읽는 데 15분 정도의 속도입니다.

요컨대 속독의 처음 관건은 따라 읽기 습관을 버리고 '읽으며 이해'에서 '보며 이해'로 넘어갈 수 있는지 여부입니다.

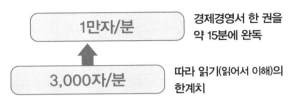

속독법을 정식으로 익히지 않았더라도 따라 읽기에서 글자를 덩어리로 보며 이해하는 읽기 방식으로 바꿀 수 있다면 이제까지의 책읽기 속도는 손쉽게 극복할 수 있습니다.

이 장에서는 그처럼 글자를 덩어리나 행 단위로 한눈에 볼 수 있게끔 시야를 확대하는 트레이닝을 하게 됩니다.

글자를 덩어리로 읽는다는 것의 의미

　속독을 전혀 훈련하지 않은 사람이라도 7~11글자를 순간적으로 인식할 수 있다고 앞에서 설명했습니다.

　따라 읽기를 할 때는 한 글자 한 단어씩 읽는 데 비해 글자를 덩어리로 보며 이해하는 읽기 방식에서는 한 번에 7~11글자 이상 단위로 문장을 읽어 나갑니다.

　시선을 이동하는 속도가 동일하다고 가정하면 한 번에 읽을 수 있는 양(보며 이해하는 양)이 훨씬 늘어난다는 사실을 알 수 있습니다. 책 1행이 보통 25~30글자이니까, 3번 정도 빠르게 응시하면 한 줄을 순식간에 읽을 수 있습니다.

　"글자를 보며 이해한다는 게 쉽지 않을 것 같아요."

　이 같은 걱정이 들 수도 있는데, 사실 대다수 사람은 무의식적으로 '보며 이해하는' 읽기를 하고 있습니다.

예를 들어 식당에서 메뉴를 볼 때 한 글자씩 따라 읽기를 하나요? 혹은 도로의 표지판이나 길거리의 간판을 볼 때도 그렇습니다. 그냥 글자가 시야에 들어왔을 뿐인데도 '이런 요리가 있구나.', '저 표지판은 이런 안내를 하고 있구나.' 하는 식으로 순식간에 인식하고 이해할 것입니다.

이처럼 우리는 알아차리지 못하는 가운데 글자를 '보며 이해'할 수 있고, 또 그렇게 하고 있습니다.

그 같은 읽기 방식, 즉 따라 읽지 않고 글자를 덩어리로 보며 이해하는 연습을 꾸준히 하는 것, 그리고 시야를 넓혀 한 번에 인식할 수 있는 양을 큰 폭으로 늘리는 게 속독법 숙달의 핵심입니다.

글자를 덩어리로 보면
읽는 속도가 훨씬 빨라진다!

1행 40글자의 책인 경우

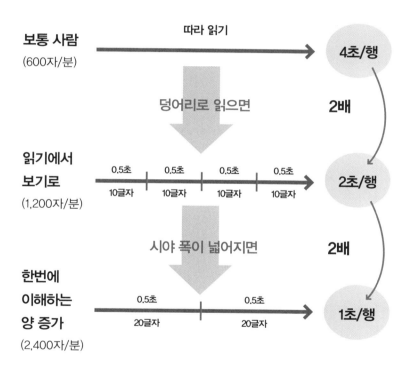

보통 사람
(600자/분)

따라 읽기

4초/행

덩어리로 읽으면

2배

읽기에서
보기로
(1,200자/분)

0.5초　0.5초　0.5초　0.5초
10글자　10글자　10글자　10글자

2초/행

시야 폭이 넓어지면

2배

한번에
이해하는
양 증가
(2,400자/분)

0.5초　　　0.5초
20글자　　　20글자

1초/행

덩어리로 읽기의 기본, 블록 읽기

글자를 덩어리로 읽는다는 것의 이해를 돕기 위해 실제로 블록 읽기 체험을 해보겠습니다.

아래 글은 미야자와 겐지의 〈쏙독새의 밤〉이라는 작품의 일부입니다. 책에는 아래와 같이 실려 있습니다.

쏙독새는 정말 못생긴 새입니다.

얼굴은 여기저기 된장을 칠한 듯이 얼룩덜룩하고, 부리는 넓죽한 데다가 귀까지 찢어져 있습니다.

다리는 아주 비실비실해서 한 간(間)을 제대로 못 걷습니다.

다른 새들은 아예 쏙독새의 얼굴을 본 것만으로도 정나미가 떨어진다고 할 정도였습니다.

블록 읽기는 명칭 그대로 문장을 덩어리(블록)로 나누어 읽습니다. 글자 덩어리 하나를 한 번에 보고 이해하는 것입니다.

속독 초보자의 경우, 앞의 〈쏙독새의 밤〉이라면 이런 식으로 블록을 나누어 읽습니다.

쏙독새는

정말 못생긴 새입니다.

얼굴은 여기저기

된장을 칠한 듯이

얼룩덜룩하고,

부리는

넓죽한 데다가

귀까지

찢어져 있습니다.

다리는

아주 비실비실해서

한 간(間)을 제대로 못 걷습니다.

다른 새들은 아예

쏙독새의 얼굴을

본 것만으로도

정나미가 떨어진다고
할 정도였습니다.

문장을 블록으로 나누기 전과 후의 차이가 느껴지나요?

이렇게 문장을 나누기만 해도 전보다 읽기가 훨씬 쉬워졌다는 생각이 들 것입니다.

게다가 여러분 중에는 글자를 '보면서' 이해하게 되어, 더 빨리 읽은 듯한 느낌이 드는 사람도 있을 것입니다.

재차 언급합니다만, 우리는 문장을 접하면 글자 하나하나를 따라 읽으려는 습관이 있습니다. 그런 이유로 이 장의 트레이닝은 그 같은 속발음 습관을 버리고 문장을 블록으로 읽도록 하는 게 첫 번째 목적입니다.

기본적으로 10글자를 한 블록의 기준으로 삼는데, 모든 블록이 10글자로 고정되는 것은 아닙니다.

10글자를 기준으로 보기 편하게 나누면 됩니다. 글자 수에 너무 얽매일 필요는 없습니다.

평소에 책이든 스마트폰 뉴스든 문장을 읽을 때는 꼭 블록 읽기를 시도해보기 바랍니다. 습관이 되어 익숙해질 때까지 글자 덩어리 별로 '/ (슬래시)'를 적어 넣어 연습하거나, 단어 단위로 읽는(조사,

보조용언은 생략) 방식부터 시작해도 좋습니다.

블록 읽기는 글자를 '덩어리로 읽는' 연습이 될 뿐만 아니라 속독법 트레이닝 그 자체이기도 합니다. 블록 읽기에 익숙해지면 그것만으로도 독서 속도가 예전보다 2배 이상 빨라집니다.

처음에는 묵독의 습관이 남아있어서 자꾸 글자를 눈으로 따라 읽게 되는데, 글자를 보며 이해하는 능력은 우리 모두가 이미 지니고 있다는 사실을 다시 한번 강조합니다.

식당 메뉴의 짧은 단어들 말고 가독성이 좋은 문장도 마찬가지입니다. 이 책의 본문 상단에 있는 큰 글씨 제목만 하더라도 여러분 중 상당수는 글자를 일일이 읽지 않고도 문장이 한눈에 들어와서 보자마자 그 뜻이 이해되었을 것입니다.

그러면 실제 책으로 블록 읽기를 해보겠습니다.

★ 아래 예시문을 덩어리(블록) 별로 읽어보세요. 글자를 하나하나 따라 읽지 않고 '한눈에 보면서 이해'합니다.

미국이 총기를
규제하지 못하는 역사적 이유

미국에서는 총기 난동 사고가 자주 일어난다. 2007년에는 버지니아 공대에서 한 학생이 무차별적으로 총을 쏴 32명이 목숨을 잃기도 했다. 죄 없는 사람들이 희생되는 이런 범죄는 총기를 규제해서라도 막아야 하는데, 미국은 그러지 못한다. 왜일까?

미국에서는 개인이 무기를 소유하는 것이 정당한 권리이기 때문이다. 미국은 1791년에 수정 헌법을 채택했는데, 그중 2조에는 개인이 무기를 소유하고 휴대할 수 있음이 명시되어 있다.

미국의 독립은 시민들로 이루어진 민병대가 영국 군대에 맞서 피 흘려 싸운 대가였다. 독립 후에도 미국인들은 연방 정부가 국민의 권리를 침해할 경우에 대비해 긴장을 늦추지 않았다. 또한 서부 개척에 나선 사람들은 야생동물의 습격을 물리치고 인디언들과 싸워야 했다. 그러기 위해 항상 총을 지녔다. 이런 역사를 거치면서 총은 미국인들에게 자유와 생명을 지키는 수단으로 확고히 자리 잡았다.

총기 소유를 허용하는 나라는 미국 외에도 많이 있다. 그러나 미국처럼 총기 관련 범죄가 자주 일어나지는 않는다. 총기 소유자들을 등록해서 관리하고, 총기를 휴대하려면 반드시 신고해야 하는 등 국가에서 엄격히 규제하고 있기 때문이다. 미국처럼 간단한 신원 조회만 거쳐 총을 살 수 있고, 자유로이 총을 갖고 다니는 나라는 세계 어디에도 없다.

무고한 목숨을 앗아 간 사고를 수없이 겪었음에도, 아직도 많은 미국인이 총기 규제에 반대한다고 한다. 게다가 총기를 생산하는 회사들은 로비를 벌여 총기 규제 법안 마련을 결사적으로 막고 있다. 그러나 스스로를 무장해야 했던 시대는 이미 오래전에 지나갔다. 범죄의 가능성을 활짝 열어 둔 미국의 총기 문제, 앞으로 어떻게 될까?

－《단숨에 읽는 세계사 이야기》(정헌경 지음)에서 발췌

주변 시야를 넓혀 보는 폭을 늘린다

이번에는 '글자를 보는 폭을 넓히는' 요령에 대해 설명하겠습니다. 이 책의 어딘가 한 줄의 문장을 보기 바랍니다.

먼저 그 문장의 어느 한 부분을 중심으로 봅니다.

(예컨대 바로 위의 '어느 한 부분을'이라는 부분)

그러고 나서 한 줄 전체를 봅니다. 아마도 보고 있는 중심과 그 가까이에 무엇이 씌어 있는지를 분명히 인식할 수 있습니다.

한편으로 그 앞뒤에 있는 글자들은 어떻습니까? 무엇이 씌어 있는지는 잘 모르겠지만, 글자가 있다는 것은 여하튼 알 수 있습니다.

다소 전문적인 용어인데, 문장에서 '무엇이 씌어 있는지는 잘 모르겠지만, 글자는 있다는 것은 여하튼 안다.'라고 인식하는 영역을 시야(수동 시야)라고 부릅니다.

그에 비해 '무엇이 씌어 있는지 분명히 안다.'라고 인식하는 시야 영역을 능동 시야라고 부릅니다.

글자를 '보는 폭'을 넓힌다는 말은 시야를 넓힌다는 의미입니다. 시야(최종적으로는 능동 시야)를 넓혀 보며 이해할 수 있는 글자 양을 늘려 가는 게 이 장의 트레이닝 목적입니다.

보는 폭을 넓히기 위해 트레이닝할 때는 특히 수동 시야가 넓어지도록 의식해야 합니다.

처음부터 갑자기 능동 시야를 의식해 '이 전체를 제대로 인식해야……'라며 욕심내지 않아도 좋습니다. 수동 시야가 넓어지면 자연히 글자가 보이는 폭이 넓어집니다. 수동 시야 안쪽에 능동 시야

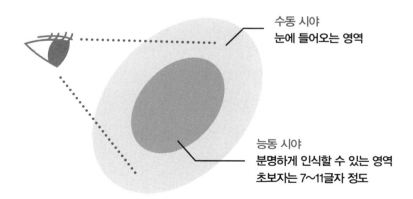

수동 시야와 능동 시야

수동 시야
눈에 들어오는 영역

능동 시야
분명하게 인식할 수 있는 영역
초보자는 7~11글자 정도

가 넓어지는 공간이 생겨나기 때문입니다.

이는 반대로, 인식할 수 있는 글자 폭을 아무리 넓히려고 해봤자 수동 시야를 넓히지 않으면 결국 인식할 수 있는 글자 폭 또한 넓어지지 않는다는 의미이기도 합니다.

능동 시야는 수동 시야의 안쪽에 있기 때문에 수동 시야가 넓어지지 않는 한 능동 시야가 그 이상 넓어지는 일은 없습니다.

속독 트레이닝을 하기 전의 수동 시야는 20~25글자, 능동 시야는 7~11글자 정도입니다. 따라서 글자를 덩어리로 보며 이해하는 상태에서, 능동 시야가 조금만 늘어나도 책 1행(25~30글자)을 2번의 시점 이동으로 읽을 수 있습니다.

우선은 수동 시야를 3행(1행 35자의 책이라면 35글자 × 3행 = 105글자), 능동 시야를 1행까지 넓히는 것을 목표로 합니다.

이것이 가능해지면 수동 시야를 5행, 능동 시야를 3행까지 넓히는 단계로 넘어갑니다. 여기까지 되면 어느 정도 속독법을 깨쳤다고 할 수 있습니다.

1. 능동 시야와 수동 시야 늘리기

미국에서는 개인이 무기를 소유하는 것이 정당한 권리이기 때문

능동 시야   **수동 시야**

미국에서는 총기 난동 사고가 자주 일어난다. 2007년에는 버지니
아 공대에서 한 학생이 무차별적으로 총을 쏴 32명이 목숨을 잃
기도 했다. 죄 없는 사람들이 희생되는 이런 범죄는 총기를 규제해
서라도 막아야 하는데 미국은 그러지 못한다. 왜일까?
미국에서는 개인이 무기를 소유하는 것이 정당한 권리이기 때문
이다. 미국은 1791년에 수정 헌법을 채택했는데, 그중 2조에는
개인이 무기를 소유하고 휴대할 수 있음이 명시되어 있다.

- 시점은 행의 첫 단어가 아니라, 시야 폭의 중심에 둔다. 그래야 더욱
  빨리 시점을 이동할 수 있다.
- 시야 폭이 조금만 늘어나도 글의 한 행을 1~2번의 시점(블록) 이동만으
  로 빠르게 읽을 수 있다.

2. 수동 시야 3행, 능동 시야 1행으로 확대

미국에서는 총기 난동 사고가 자주 일어난다. 2007년에는 버지니
아 공대에서 한 학생이 무차별적으로 총을 쏴 32명이 목숨을 잃
기도 했다. 죄 없는 사람들이 희생되는 이런 범죄는 총기를 규제해
서라도 막아야 하는데, 미국은 그러지 못한다. 왜일까?

미국에서는 개인이 무기를 소유하는 것이 정당한 권리이기 때문
이다. 미국은 1791년에 수정 헌법을 채택했는데, 그중 2조에는
개인이 무기를 소유하고 휴대할 수 있음이 명시되어 있다.

3. 수동 시야 5행, 능동 시야 3행으로 확대

미국에서는 총기 난동 사고가 자주 일어난다. 2007년에는 버지니
아 공대에서 한 학생이 무차별적으로 총을 쏴 32명이 목숨을 잃
기도 했다. 죄 없는 사람들이 희생되는 이런 범죄는 총기를 규제해
서라도 막아야 하는데, 미국은 그러지 못한다. 왜일까?

미국에서는 개인이 무기를 소유하는 것이 정당한 권리이가 때문
이다. 미국은 1791년에 수정 헌법을 채택했는데, 그중 2조에는
개인이 무기를 소유하고 휴대할 수 있음이 명시되어 있다.

물론 왼쪽처럼 처음부터 1행, 혹은 3행 읽기가 되지는 않습니다. 속독에 대한 바른 이해와 꾸준한 연습이 필요합니다.

다시 한 번 핵심을 정리하자면 '읽으며 이해'에서 '보며 이해'하기로 문장을 읽는 습관을 바꾸는 한편으로 빠른 시점 이동과 시야 확대, 인식력 높이기 훈련을 지속해야 합니다.

특히 글자를 덩어리로 읽는 블록 읽기는 속독의 핵심이라고 할 수 있습니다. 블록의 범위, 즉 능동 시야의 넓이가 읽기 속도를 좌우하는 것입니다. 실제로 속독법을 배우기 이전부터 글자를 하나하나 읽지 않고 덩어리로 보는 데 익숙한 사람들이 있는데, 그들은 보통 사람에 비해 속독 습득이 훨씬 빠릅니다.

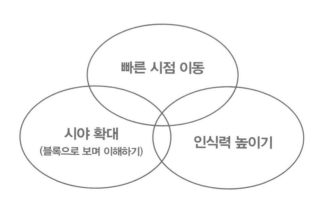

속독 실력이 나아지려면

그에 비해 속독을 접하는 많은 사람들이 음독, 그러니까 글자를 마음속으로 발음하는 습관의 교정을 어려워합니다. 하지만 1행 1초 이내라면 사실 큰 문제가 되지는 않습니다. 다시 말해, 1행을 읽는 데 1초가 걸리지 않는다면 그냥 빠른 시점 이동과 시야 확대 훈련을 꾸준히 해나가면 됩니다. 문장을 읽는 속도가 붙으면서 어느새 사라지는 문제이기 때문입니다.

개중에는 따라 읽기가 가능한 속도를 훨씬 앞서는데도 본인이 마음속으로 따라 읽는다고 착각하는 경우도 있으므로 묵독을 너무 의식하지 않기 바랍니다. 그보다는 이 장에서 소개하는 신문 1행 읽기(122p)나, 평소에 책을 읽을 때 한두 번의 시점 이동으로 블록 읽기를 시도하는 등 속도에 집중하기 바랍니다.

05 시야 확대 기본 트레이닝

시야(시폭)를 넓힌다는 것의 의미를 어느 정도 이해했을 것입니다. 앞에서 설명한 내용을 바탕으로 지금부터는 보는 폭을 넓히는 트레이닝을 시작하겠습니다.

먼저 시야 확대 기본 트레이닝을 소개한 다음, 일상생활에서 가능한 응용 연습 방법을 추가로 설명하겠습니다.

STEP 1 트레이닝 시트를 준비한다.

121쪽에 있는 트레이닝 시트 8번을 준비합니다.(부록 혹은 출판사 블로그에서 다운로드) 안근 트레이닝과 마찬가지로 A4 사이즈 시트를 사용해야 합니다.

지금부터 하는 트레이닝은 시야 폭을 넓히는 훈련입니다.

종이가 작으면 의식하지 않아도 전체가 보이기 때문에 트레이닝 효과가 없습니다. 따라서 꼭 A4 사이즈여야 합니다.

STEP 2 시트를 눈에서 15~20cm 앞에 둔다.

준비한 트레이닝 시트를 눈에서 15~20cm 앞으로 가져옵니다. 눈에서 너무 멀리 떨어지면 시트의 큰 사각형 모서리가 한눈에 들어오므로 트레이닝 효과가 떨어집니다. 수동 시야에 들어올 듯 말 듯한 거리감이 가장 좋습니다.

STEP 3 작은 사각형 → 큰 사각형을 순서대로 본다.

이제 시점을 중심부에 둔 채 사각형을 하나씩 봅니다.

맨 먼저 가장 안쪽에 있는 작은 사각형을 봅니다. 그리고 바깥쪽으로 하나 다음에 있는 사각형을 봅니다. 이런 식으로 작은 사각형에서 큰 사각형으로 하나씩 봐나갑니다.

가장 바깥에 있는 사각형까지 보았으면 다시 되풀이해, 가장 안쪽에 있는 사각형부터 차례대로 봅니다.

각각의 사각형은, 시점을 중심에 두고 사각형의 네 모서리를 인지할 수 있어야 합니다. 봐야 하는 사각형이 헷갈리는 경우는 양 손가락으로 하나씩 짚어가며 봐도 좋습니다.

하나하나의 사각형을 0.5초 간격으로 봅니다. 그렇게 해서 트레이닝 합계 시간은 90~180초. 기본적으로 180초 이내로 연습하면 되는데, 정확한 시간에 얽매이지 않아도 좋습니다.

시야 확대 트레이닝 주의점

- 트레이닝 시트는 A4 사이즈를 사용한다.
  (종이가 작아서 한눈에 들어오면 NG)

- 눈에서 15~20cm 앞에 시트를 둔다.

- 가장 안쪽의 사각형부터 하나씩 바깥에 있는
  사각형으로 시선을 이동하며 본다.

- 사각형 하나를 보는 데 0.5초 속도,
  시점은 중심부에 두고 네 모서리를 인식한다.

- 목표 시간은 90~180초

시야 확대 트레이닝

언제든 가능한 연습 1
신문 1행 단위 읽기 트레이닝

　지금부터는 시야 확대 기본 트레이닝을 일상생활에서 실천하는 방법을 소개하겠습니다. 트레이닝 주의점은 앞에서 설명한 요령과 크게 다르지 않습니다.

　가장 먼저, 신문을 활용하는 시야 확대 트레이닝입니다.

　사용 도구로는 우선은 한 행의 글자 수가 비교적 적은 지면이 좋습니다. 신문에 따라 조금씩 다릅니다만, 신문 지면의 1행은 대개 14~16글자 정도입니다.(스마트폰 기사는 15~20글자인데, 폰트 크기로 글자 수를 조절할 수 있다.) 속독을 익히지 않은 사람이라도 한두 덩어리로 보고 이해할 수 있는 글자 수입니다.

　평소 무심코 묵독으로 읽던 신문, 혹은 스마트폰 기사를 1행 단위의 덩어리로 보면서 읽어 나갑니다. 이렇게 함으로써 문장을 블록 단위로 보며 이해하는 습관을 들이게 되고, 시야 폭도 늘어나므로 읽기 속도는 훨씬 빨라집니다.

신문은 거의 매일 접할 수 있는 매체입니다. 그래서 신문은 속독 트레이닝을 습관화할 수 있는 좋은 도구가 됩니다.

신문이나 스마트폰 기사를 1행 단위로 읽는 트레이닝을 할 때의 요령은 2가지입니다.(뒷페이지 그림 참고)

1. 시점을 행의 중심에 둔다.

2. 신문의 1행 전체를 단번에 본다.

이 같은 요령으로, 최대한 빨리 기사를 읽어나가면 됩니다.

중요하기 때문에 또 언급합니다만, 이 트레이닝은 시야를 넓히고 '읽으며 이해'에서 '보며 이해'하는 습관을 들이기 위해 하는 것입니다. 내용을 음미하거나 기억하려고 할 필요는 없습니다.

연습 중에 관심이 가는 내용이 있다면 트레이닝이 끝난 후에 다시 읽기 바랍니다. 1행 단위로 보면 생각 이상으로 빨리 끝나므로 천천히 다시 읽을 시간은 충분합니다.

신문 기사를 1행씩 읽어보자!

① 시점을 행의 중심에 둔다.

근로시간 단축, 최저임금 인상에
주휴수당 더 의미 갖기 어려워
법으로 주휴수당 강제 말고
노사 자율 해결하는 게 바람직

② 1행 전체를 본다.

간을 근무한다고 가정할 경우 올해 최저임금인 시간당 8350원을 적용하면 월급여는 145만2900원이다. 그런데 여기에 월 4.3일 정도의 주휴일이 있으니 주휴수당만으로 약 28만4000원을 추가 지급해야 한다. 20%를 추가 지급하는 것이다.

해 고급한 것으로 본다. 사실상 주휴수당이 명목상으로만 존재한다는 뜻이다. 주휴수당의 역할이 일당 또는 시급제로 장시간 노동하는 저임금 근로자에게 소득 걱정 없이 휴일을 보내라고 마련된 제도라면 소득이 높아지거나 근로시간 단축으로 휴일이 증가하면 주휴수당 제도는 작용이 크면 이제는 폐지하는 게 맞는이다. 10년 전 한국노동법학회가 제출한 노동부 연구보고서에서도 폐지가 거론됐다. 물론 법정 노동기준을 변화된 사회·경제적 조건에 부합하도록 개편하는 것이 중요하지만, 그렇다고 주휴수당 제도를 무작정 폐지하는 것은 현실적으로 어렵다.

여기에는 두 가지 고려가 필요하다. 하나는 기존 근로자의 근로조건 저하를 방지하는 것이다. 저임금 근로자를 위해 현재 주휴수당에 해당하는 금액을 근로자의 월급이나 기본급에 반영하는 방안이 마련돼야 한다. 다른 하나는 주휴수당 규모가 최저임금 인상과 직접 관련된다는

〈중앙일보〉 2019.3.4일자에서 발췌

시점을 행의 중심에 두고,

1행 단위로 빠르게 보며 인식하는 연습을 한다.

신문을 1행 단위로 읽기

● 준비할 것

한 행의 글자 수가 비교적 적은 잡지나 신문(14~16글자)

평소 스마트폰으로 뉴스 기사를 읽을 때

(폰 설정에서 글자 크기를 확대해 15~18글자 정도로 한다.)

● 연습 시간 : 60~90초

● 트레이닝 순서

시점을 행의 중심에 두고, 1행 전체를 보고 인식하면서

신문을 빠르게 읽어 나간다.

● 트레이닝 주의점

☐ 한 행의 글자 수가 적은 기사부터 시작하면 무리 없이
트레이닝을 할 수 있다.

☐ 내용 이해보다는 시점의
빠른 움직임에 의식을 집중한다.

● 효과

☐ 글자를 따라 읽는 습관을 떨쳐낼 수 있다.
(글자를 덩어리로 보는 습관이 붙는다.)

언제든 가능한 연습 2
틀린 그림 찾기 트레이닝

글자를 보는 폭을 넓히기 위해서는 문장 덩어리를 '한눈에' 보는 게 중요합니다. 그래서 언제든 가능한 시야 확대 트레이닝 두 번째 로는 '틀린 그림 찾기'를 소개합니다.

신문이나 잡지에 흔히 실려 있는, 바로 그 틀린 그림 찾기입니다. 동일한 2장의 그림에서 다른 곳 몇 군데를 찾는 게임이지요. 요즘은 인터넷 게임으로도 많이 나와 있습니다.

다른 부분을 찾을 때 대다수 사람들은 왼쪽 위부터 Z자 모양으로 시선을 움직입니다.

하지만 시야 확대 트레이닝에서는 전체를 한눈에 보듯이 찾는 게 요령입니다. 예를 들어 그림의 중심에 시점을 두면서 전체를 보거나, 혹은 그림의 네 모퉁이를 보는 듯한 감각으로 전체 그림을 보는 방법도 있습니다.

이 상태에서 왠지 다른 느낌이 드는 부분을 재빨리 찾아내면 되는데, 제한시간도 미리 정하는 게 좋습니다. 시간을 정해 놓고 보다 빠르게 다른 부분을 찾는 것입니다.

제한 시간이 적혀 있는 경우에는, 그 3분의 1 정도의 시간을 목표로 삼으면 됩니다.

전체를 한눈에 본다는 것이란?

그림 중심에 시점을 두고 전체를 본다.

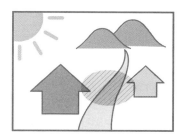

네 모퉁이에 시점을 두듯이 전체를 본다.

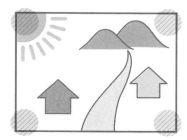

고속으로 틀린 그림 찾기

● 준비할 것

틀린 그림 찾기 게임
(잡지, 온라인 게임에 실린 것들)

● 목표 시간

☐ 제한시간이 있는 경우 – 그 시간의 3분의 1
☐ 제한시간이 없는 경우 – 1초라도 더 빨리!

● 트레이닝 순서

1 틀린 그림 찾기를 게임 감각으로 한다.

2 1초라도 더 빨리, 다른 부분을 찾아낸다.

● 트레이닝 주의점

☐ 그림을 따라가며 시선을 움직이지 않는다.
☐ 가급적 전체를 한눈에 보려고 노력한다.

● 효과

☐ 시야가 넓어지고, 시선 움직임이
부드러워진다.
☐ 눈의 스트레스가 해소된다.

★ 아래 그림에서 서로 다른 10곳을 최대한 빨리 찾아보세요.

전체를 한눈에 보는 게 중요! (정답은 138p)

전단지 상품 비교하기 트레이닝

일상 속 시야 확대 트레이닝에는 마트 전단지를 활용해 수동 시야를 넓히는 방법도 있습니다.

대형 마트 전단지 2장을 나란히 놓고, 특정 상품(예컨대 우유, 소고기, 화장지 따위)의 가격이 어디가 더 싼지를 찾습니다.

2장의 전단지 전체를 한눈에 보면서 최대한 빨리 비교해 찾으면 됩니다. 익숙해지면 3장, 4장으로 전단지 수를 늘려서 보다 넓은 범위를 비교해도 좋습니다.

이 트레이닝에서 중요한 것은 이미지를 따라가며 시선을 움직이는 게 아니라, 전단지 전체를 한눈에 보고 내용을 인식한다는 마음가짐으로 시도하기입니다.

'아직 시야가 그렇게 넓지 않은데……'라는 사람은 전단지를 접어 절반 이하로(상하, 좌우) 보는 방법도 가능합니다.

언제든 가능한 연습 3
180도 시야 인식 트레이닝

외출 시에 밖에서 가능한 시야 확대 트레이닝도 있습니다.

예를 들어 신사나 사찰에 참배할 때는 입구의 기둥문 앞에서 예를 올리는 법입니다. 이때 기둥문과 그 뒤의 경치가 전부 시야(수동 시야 영역)에 들어오는지, 또는 능동 시야로는 어디까지 볼 수 있는지를 확인해봅니다.(132p 그림 참조) 만약 넓은 범위가 시야에 들어온다면 기둥문에 더 가까이 다가가서도 시도합니다.

물론 이게 사찰에서만 가능한 트레이닝은 아닙니다. 여행 중이나 일상생활에서도 주위 경관을 보는 일은 빈번합니다. 그럴 때 어디까지 시야를 넓혀서 볼 수 있는지를 테스트합니다.

시야를 확대하는 트레이닝의 핵심은 수동 시야를 넓힌다는 의식을 갖는 데에 있습니다.

수동 시야를 넓히자!

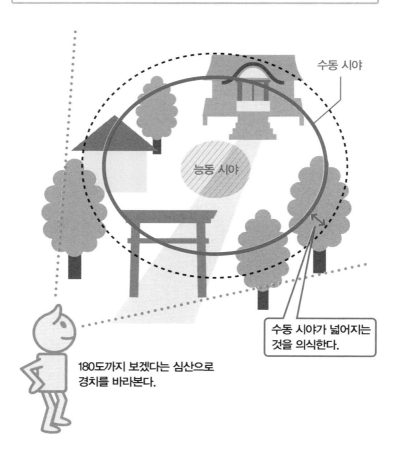

수동 시야

능동 시야

수동 시야가 넓어지는
것을 의식한다.

180도까지 보겠다는 심산으로
경치를 바라본다.

경치를 보며 시야 넓히기

준비할 것

경치를 구경할 때

연습 시간

60~90초

트레이닝 순서

180도까지 볼 수 있는 장소(가까운 거리에 사물이 있는 게 좋다.)에서
풍경 전체가 시야에 들어오는지를 확인한다.

트레이닝 주의점

☐ 어느 범위까지 인식이 가능한지를 확인한다는 감각으로
　　트레이닝을 진행한다.

효과

☐ 시야가 넓어진다.

언제든 가능한 연습 4
오탈자 확인 트레이닝

업무 중에 가능한 시야 확대 트레이닝도 있습니다.

예를 들어 작성을 끝낸 문서의 오탈자, 내용 검토는 보는 폭을 넓히는 트레이닝에 최적입니다.

앞에서 소개한 '고속으로 틀린 그림 찾기'와 방법은 똑같습니다. 오자와 탈자를 찾을 때 텍스트를 따라 읽으며 시선을 움직이는 일은 멈춰야 합니다. 어느 한 부분(한 페이지, 혹은 2분의 1이나 4분의 1 페이지)의 전체를 보도록 합니다. 가능한 한 넓게 본다는 의식을 가지는 게 중요합니다.

처음부터 모든 오탈자를 찾지 못해도 아무 문제없습니다. 속독 트레이닝은 어떤 방법이든 '빠르게 본다'는 의식이 필요합니다. 물론 완벽주의는 금물!

문서의 오탈자 빨리 확인하기

준비할 것

교정, 검토가 필요한 문서

목표 시간

1페이지당 5~10초

트레이닝 순서

문서의 오자와 탈자를 가능한 한 빨리 찾는다.

※ 1페이지, 반 페이지, 4분의 1페이지 등 일정 부분의 전체를
한눈에 보려고 노력한다.

트레이닝 주의점

☐ 오탈자를 놓쳐도 신경 쓰지 않는다.(연습으로 여긴다.)

☐ 제한 시간을 정해놓고, 시간에 쫓기는 긴장감 속에서 하면
더욱 효과적이다.

효과

☐ 글자의 인식 범위가 넓어진다.

10

전자책이 속독에
적합하지 않은 이유

　시야 확대와 관련한 여담으로 전자책의 속독 트레이닝 효용성에 대해 간략하게 살펴보겠습니다.

　책과 친하게 지내는 데 종이책이 좋은지 전자책이 좋은지는 여러 논란이 있습니다만, 속독에 관한 한 종이책 쪽이 스트레스 없이 효율적으로 읽기에 더 적합합니다.

　그 이유는 앞에서 설명한 '수동 시야'에 있습니다.

　속독법을 익히면서 수동 시야가 넓어지면 한 번에 눈에 들어오는 글자 양이 훨씬 늘어납니다.

　그래서 종이책의 경우는 이후에 이어지는 문장, 혹은 단락이 수동 시야에 들어오므로 미리 훑어보는 효과가 있습니다.

　그에 비해 태블릿 PC의 전자책은 화면에 표시되는 글 분량에 한계가 있습니다. 특히 스마트폰 전자책이라면 더더욱 수동 시야에 들어오는 텍스트가 적을 수밖에 없습니다.

제 경우에는, 이어지는 내용의 감을 잡을 수 없으니까 책을 술술 읽어나가기에 불편합니다. 그런 이유로 속독으로 전자책을 읽을 때는 세로나 가로로 긴 모니터를 이용하는데, 많은 페이지를 한 번에 보기에 편하고 눈의 피로도 덜하기 때문입니다.

물론 화면이나 글자 크기가 문제가 안 된다면 한 화면에 2페이지를 표시하거나 글자를 작게 해서 1페이지당 정보량을 늘릴 수는 있습니다. 하지만 전자책의 글자 가독성이 떨어지는 문제 외에도 사람은 글자가 작을수록 따라 읽기를 해버리는 경향이 있습니다. 말하는 속도에 한계가 있듯이, 따라 읽기로는 속독에 한계가 있다는 점은 앞에서 설명한 그대로입니다.

종이책과 전자책, 어느 쪽도 장점과 단점은 있습니다.

속독법 훈련이 아니라면 무엇이 좋고 나쁘다는 것을 떠나서 각각의 특징에 맞는 책을 골라서 읽는 게 바람직합니다. 애당초 독서 목적은 정보의 효율적인 습득에 있으니까요.

★ 129p 틀린 그림 찾기 정답

5장

—

속독의 핵심 트레이닝 3

순간적으로 인식하는
힘을 기른다

빨라진 읽기에 맞게 인식력 높이기

잠깐 복습을 하고 넘어가겠습니다.

평소 보통의 읽기가 〈시선을 이동한다 → 글자를 본다 → 내용을 인식한다〉라면 속독은 다음과 같습니다.

빠르게 시선을 이동한다 ⇒ 빠르게 글자를 본다(한 번에 많은 글자를 본다.) **⇒ 빠르게 내용을 인식한다**

3장과 4장에서는 앞의 2가지, 즉 빠르게 시선을 이동하고, 시야를 확대해 빠르게 문장을 보기 위한 트레이닝을 설명했습니다. 그리고 이 장에서는 속독의 세 번째 프로세스인 '빠르게 내용을 인식하기' 위한 트레이닝, 즉 인지 훈련을 시작합니다.

시선의 움직임이 빨라지고 글자를 보는 폭이 넓어지면 그에 따라 책읽기 속도가 월등하게 좋아집니다.

하지만 아무리 속독 실력이 향상되어도 인식력이 따라오지 못한다면 헛일에 가깝습니다. 책에서 무엇을 읽었는지도 모른 채 그저 텍스트를 보기만 했을 뿐이기 때문입니다.

이것은 달리 말해, 평소에 읽을 때와 똑같은 이해도로 읽은 게 아니라는 의미이기도 합니다.

그런 이유로, 지금부터는 빠른 읽기 속도를 감당해내는 인식력을 높이는 방법을 트레이닝하겠습니다. 이로써 빨라진 눈의 인식을 뇌의 이해 속도가 따라잡을 것입니다.

순간 인식력의 4단계

순간적으로 인식하는 힘, 즉 순간 인식력이란 한순간에 어느 정도의 정보를 인식할 수 있는지를 뜻합니다. 이는 어디까지나 인식의 영역으로서 인식한 문장을 이해, 혹은 기억하는 것과는 다른 차원의 문제입니다.

쉽게 말해 순간 인식이란 '런치 파스타'라는 글자를 봤을 때 글자가 요리 이름이라든가 5글자라든가, 조금 더 깊이 들어가서 런치 파스타 이미지가 순간적으로 떠오르는 식입니다.

단어를 한순간에 인식한다고 해도 여기에는 다양한 단계가 있습니다. 단어의 의미를 인식하는 단계가 있는가 하면, 내가 알고 있는 단어인지 아닌지를 인식하는 단계, 문자가 적혀 있는지 아니면 숫자나 기호인지를 인식하는 단계 등등입니다.

이 장에서는 인식력 전반을 높이는 트레이닝을 합니다.

간단한 순서대로 말하자면 문자인지 숫자나 기호인지를 아는 단계, 문자의 이미지 형태를 인식하는 단계, 단어의 글자 수나 몇 행인지를 대략 아는 단계, 그리고 마지막으로 단어의 의미를 인식하는 순서로 단계를 높여 갑니다.(144p 도해 참고)

우선은 낮은 단계의 인식부터 시작해 차츰 인식의 질을 높여 가는 식으로 트레이닝하면 됩니다.

빠르게 읽을수록 단어 의미를 아는 단계의 인식은 어려워집니다. 단어의 의미를 모르면 문장을 이해하거나 즐길 수가 없습니다. 책을 읽는 게 고역이 되어 결과적으로 속독 트레이닝을 지속할 수 없을지도 모릅니다. 그래서는 본말전도입니다.

무리하지 않고 꾸준히 할 수 있는 범위 내에서 트레이닝을 실천하는 게 중요한 이유입니다.

순간 인식력은 6장에서 설명하는, 속독의 벽을 극복하기 위한 내용과도 깊이 관련되어 있습니다. 6장을 읽은 후에 다시 읽으면 지금부터 소개하는 트레이닝의 요령이 더 잘 이해될 것입니다.

인식의 4가지 단계

1단계

문자인지, 숫자나 기호가
적혔는지를 안다.

2단계

문자의 이미지
형태를 인식한다.

3단계

단어의 글자 수,
행 수를 안다.

4단계

단어의 의미를
인식한다.

인식력 높이기 기본 트레이닝
고속 페이지 넘기기

속독의 세 번째 요소인 '순간 인식력'을 높이는 트레이닝을 본격
적으로 할 차례입니다.

기본 트레이닝을 설명한 다음에, 일상생활 중에 손쉽게 실천할 수
있는 인식력 높이기 방법을 몇 가지 더 소개하겠습니다. 순간 인식
력을 높여주는 기본 트레이닝은 고속 페이지 넘기기입니다.

신서판 크기의 책을 준비한다.

일반 시집보다 조금 더 작은 신서판(103×182mm) 정도의 책을 준

비합니다. 이 책을 사용해도 괜찮기는 한데, 한 손으로 펼쳐들 정도로 작은 책이 연습하기에 더 적당합니다.

두껍지 않은 소설이나 좋아하는 분야의 책을 권장합니다. 내용이 어렵지 않고 떠올리기 쉬운 단어 사용이 많기 때문입니다. 소설은 장면 묘사를 생생하게 떠올릴 수 있는 어휘 사용이 많아서 어떤 내용이 씌어 있는지를 유추하기가 쉬운 편입니다.

신서판 크기의 책이 없다면 그나마 작은 책을 책 중간 부분부터 끝까지 넘기는 것으로 대체해도 좋습니다. 중반부터라면 책장을 넘기기도 더 수월합니다.

STEP 2 책장을 빨리 넘기는 자세를 취한다.

트레이닝 장소는 어디라도 좋은데, 너무 조용한 곳은 권장하지 않습니다. 앉아서 해도 되고 서서 해도 좋습니다. 다만, 책장을 아주 빠르게 넘길 수 있는 손 자세가 필요합니다.

책의 아랫부분을 그림처럼 왼손바닥 위에 올립니다. 그리고 왼손 엄지와 검지로 표지를 받쳐 한 손으로 책을 잡습니다.

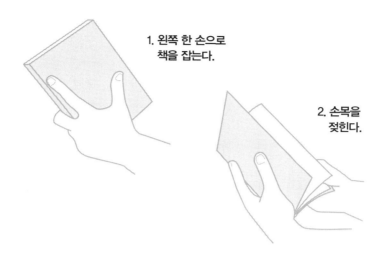

1. 왼쪽 한 손으로 책을 잡는다.

2. 손목을 젖힌다.

STEP 3 페이지를 넘긴다.(고속으로)

책을 고속으로 보는 자세를 취했다면 이제부터 페이지를 아주 빠르게 넘겨 나갑니다. 오른손 엄지를 페이지 옆에 대고, 왼쪽 손목을 위로 젖히면 책장을 수월하게 넘길 수 있습니다.(그림 2)

우선은 본문 페이지 전체를 1~2초 정도로 아주 빠르게 넘기면서 처음부터 끝 페이지까지 바라봅니다. 읽는 게 아니라, 아주 빠르게 책장을 넘기며 '보는' 것입니다. 이 동작을 대략 60초 정도를 기준으로 반복합니다.

페이지를 넘긴다.(차츰 천천히)

　다음은 본문 페이지 전체를 4초 정도에 끝나는 빠르기로 넘깁니다. 이 동작도 60초 정도 반복한 후에, 이번에는 전체 페이지를 10초 정도에 끝나는 속도로 60초간 넘깁니다.

　마지막으로, 페이지당 0.5초의 속도로 한 장씩 넘깁니다. 페이지 하나하나를 한눈에 훑으며 한 권을 끝까지 봅니다.

　처음에 책 한 권을 1~2초 만에 보는 단계에서는 단어가 거의 보이지 않을(인식되지 않는다.) 것입니다. 이것은 당연합니다. 하지만 '한 글자라도 더 많이 인식한다.'는 마음가짐으로 책장을 넘기는 게 중요합니다.

　아마도 이 트레이닝(특히 2~4초의 속도로 한 권을 다 넘기기)을 보고 속독이라고 착각하는 사람이 있을 것 같습니다. 아닙니다. 이는 어디까지나 인식력을 높이기 위한 트레이닝일 따름입니다. 당연히 저도 이렇게 읽으면 뭐가 씌어 있는지 모릅니다.

　고속 페이지 넘기기는 익숙해지지 않으면 생각처럼 쉽지 않을 것입니다. 처음에는 책의 중심부가 보이게끔 한 손으로 책 가운데까지 펼치기가 어려울 수 있고, 페이지 하나하나를 순간적으로 보는 게 여의치 않은 경우도 많습니다.

하지만 그렇게까지 어렵게 생각할 필요는 없습니다. 이 트레이닝은 글자를 일일이 읽는 게 아니라 순간 인식력을 높이기 위한 훈련일 뿐입니다. '고속으로 문자를 본다.'라는 감각을 유지하면 그것으로 충분합니다. 이처럼 빠른 속도에의 적응은 일단 두뇌에 맡겨두기 바랍니다.

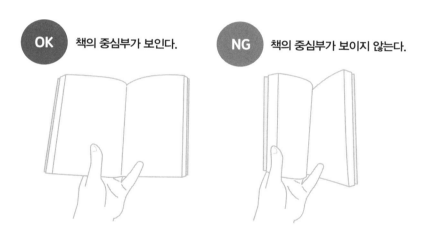

OK 책의 중심부가 보인다.

NG 책의 중심부가 보이지 않는다.

동영상 배속재생 트레이닝

인식력을 높이기 위해 고속으로 보는 연습을 꼭 텍스트에 한정할 필요는 없습니다.

"너무 바빠서 보고 싶은 해외 드라마와 영화가 쌓였어요!"라는 상황이 흔히 있을 것입니다.

물론 평소처럼 영상을 봐도 되는데, 조금만 신경 쓰면 이 또한 순간 인식력을 높이는 트레이닝이 됩니다.

구체적으로는, 해당 영상을 1.5배속 등으로 평소보다 조금 더 빠른 속도로 재생합니다. 이렇게 보는 것만으로도 고속 영역에서의 인식력이 향상됩니다.

이 트레이닝은 TV가 아니라도 좋습니다. 유튜브(화면 하단의 설정에서 재생 속도를 0.2배~2배까지 바꿀 수 있다.) 같은 동영상 사이트, 혹은 동영상

재생 프로그램 중에는 2배속, 3배속으로 재생하는 기능을 갖춘 곳이 더러 있습니다.

이를 활용해 평소보다 빠른 속도로 시청하면 고속 상황에서의 인식력을 높일 수 있습니다.

1.5배속 정도의 속도라면 평소의 시청과는 별반 다르지 않게 내용을 이해할 수 있을 것입니다. 2배속이나 3배속 등 더 빠른 배속으로 시청해도 좋은데, 이는 고속 페이지 넘기기와 마찬가지로 두뇌가 빨라진 영상에 적응하면서 인식력이 높아지는 이치입니다.

텍스트가 비교적 많은 영상을 빠른 속도로 재생해 자막을 읽어내는 연습도 물론 가능합니다.

순간 인식력을 높이는 연습을 하면서 보고 싶었던 동영상을 보고, 게다가 시청 시간도 단축할 수 있으니까 일석이조, 일석삼조의 트레이닝인 셈입니다.

동영상 배속재생 트레이닝

준비할 것

배속재생이 가능한 동영상(자막 영상도 권장)

※ 표준 재생 시간으로 30분 이상인 게 좋다.

목표 시간

최소 10분 이상(동영상 재생 시간에 따른다.)

트레이닝 순서

1.5~4배속으로 동영상을 시청한다.

※ 동영상 플레이어에 따라 재생 속도가 다른데,
　 배속재생이 가능한 속도라면 뭐든 가능하다.

트레이닝 주의점

☐ **가급적 빠른 속도로 본다.**

☐ **배속재생으로 최소한 10분 이상 연속 시청한다.**

효과

☐ **순간 인식력 향상으로 이어진다.**

☐ **우뇌 활성화 효과가 있다.**

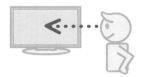

152

05

언제든 가능한 연습 2
브라우저 고속 스크롤 트레이닝

앞에서 소개한 것은 동영상을 활용한 인식력 높이기였는데, 이번에는 인터넷 브라우저를 활용하는 방법입니다.

이 트레이닝은 인터넷이 연결된 컴퓨터나 스마트폰만 있으면 됩니다. 딱히 프로그램은 필요 없습니다.

'고속 스크롤링'은 인터넷에서 텍스트를 읽거나 검색할 때 유용한 트레이닝입니다. 방법은 간단합니다.

인터넷에서 어떤 내용을 찾아 읽을 때 검색 결과나 해당 페이지를 빠른 속도로 스크롤하면서 보면 됩니다. 평소보다 1.2~1.5배 속도로, 한 템포 빠른 정도가 좋습니다.

단어 하나하나를 읽거나 이해하려고 하지 말고 '내용을 빠르게 체크한다'는 감각을 견지합니다.

이렇게 하면 빠르게 지나가는 텍스트를 순간적으로 받아들이게 되어, 인식력이 좋아지는 효과로 이어집니다.

자동 스크롤 기능을 활용하는 것도 하나의 방법입니다.

스마트폰이나 데스크톱 화면에서 만약 스크롤 속도를 설정할 수 있다면 평소보다 빠르게 함으로써 좀 더 손쉽게 트레이닝을 할 수 있습니다.

물론 처음에 익숙하지 않은 상태에서는 생소한 느낌이 들거나 읽은 내용이 잘 이해되지 않을 수도 있습니다. 하지만 꾸준히 지속하면 차츰 단어들이 보이는 수준부터 시작해 인식할 수 있는 정보량이 늘어납니다.

그렇게 되면 내게 필요한 정보 찾기와 검색 시간 단축, 그리고 순간 인식력 향상에도 도움이 됩니다.

고속으로 웹브라우저 읽기

준비할 것

텍스트 설명이 비교적 많은 인터넷 사이트

※ 전자책도 가능하다.

목표 시간

60~90초

트레이닝 순서

화면을 빠르게 스크롤하면서 내용을 파악한다.

※ 평소보다 한 템포 빠른 속도(1.2~1.5배)

※ 스마트폰에서 읽을 때는 손가락으로 빠르게 스와이프한다.

트레이닝 주의점

☐ 내용을 외우거나 이해하려고 하지 않는다.

☐ 어떤 단어를 봤으면 그 즉시 다음 단어로 시선을 옮긴다.

효과

☐ 순간적으로 인식할 수 있는 글자가 늘어난다.

☐ 우뇌 활성화 효과가 있다.

06

Section

언제든 가능한 연습 3

고속 이메일 체크 트레이닝

다음은 현대인의 업무나 생활에서 빠뜨릴 수 없는 이메일을 활용하는 인식력 트레이닝입니다.

앞에서 설명한 인터넷 화면의 정보를 고속으로 스크롤하며 보듯이 이메일을 확인할 때도 고속으로 글자를 봅니다.

이메일은 기본적으로 거의 전부가 글자 정보입니다. 텍스트를 고속으로 인식하고자 하는 트레이닝에 제격인 것입니다. 평소에 수시로 가능하므로 꼭 실천해보기 바랍니다.

방법은 간단합니다. 이메일을 빠르게 스크롤해 어느 글자, 혹은 단어를 인식했으면 곧바로 다음 글자로 시선을 이동합니다. 시간으로 따지자면 0.5초 이내 단위로 시선을 옮기며 전체적인 메일 내용을 보려고 노력합니다.

이때 이메일 내용을 외우거나 이해할 필요는 없습니다. 감각적인 표현이기는 한데, 내용을 '아주 빠르게 훑고 지나간다'는 느낌을 의식하기 바랍니다.

순간적으로 메일을 읽는다고 해도 우리의 인식 단계는 다양합니다. 도대체 뭐가 씌어 있는지, 내게 필요한 정보가 있는지 없는지, 상담 내용인지 단순 통보인지, 긍정적인 내용인지 비판적인 내용인지 등으로 갈릴 것입니다.

그렇게 메일 전체를 순간적으로 파악해 인식하는 정보량을 늘려가는 게 이 트레이닝의 목적입니다.

속독 트레이닝에서는 '요점을 파악하자.'는 식으로 너무 진지해지지 않는 게 좋습니다. 내용을 제대로 파악하기보다는 텍스트를 고속으로 보는 것을 우선해야 합니다. 당장에 중요한 것은 정확도나 이해보다 속도입니다.

트레이닝은 트레이닝일 뿐입니다. 설령 이해하지 못한 내용이 있어도 다시 읽으면 되니까, 가벼운 마음으로 실천합니다.

고속으로 이메일 체크하기

● 준비할 것

여러 통의 이메일. 업무 메일도 상관없는데, 이메일 매거진이나
소식지 같은 메일이 부담이 없어서 더 좋다.

● 목표 시간

소식지 메일 하나당 10~20초

● 트레이닝 순서

1 평소에 눈으로 훑을 때보다 더 빠른 속도로 본다.

2 메일 내용이 어떤 뉘앙스인지를 인식한다.

3 속도를 조금 늦춰서 메일 개요(의뢰인지 연락인지 등),
구체적인 내용을 인식한다.

● 트레이닝 주의점

☐ 최대한 빨리 내용을 파악한다는 의식을 가진다.

● 효과

☐ 순간 인식력이 좋아진다.
☐ 우뇌 활성화 효과가 있다.

언제든 가능한 연습 4
길거리 표지판 읽기 트레이닝

이번에는 이동 중에 가능한 인식력 트레이닝입니다.

여행이나 출장은 물론, 평소 출퇴근 때에도 기차와 버스를 흔히 이용할 것입니다.

이때 차창 밖으로 보이는 통과역의 표지판, 혹은 길가의 상점 간판 읽기를 시도합니다. 빠르게 스쳐 지나가는 글자를 읽어내는 트레이닝을 통해 정보 인식력을 높이는 것입니다.

이 트레이닝에서도 정확도는 중요하지 않습니다. 무심코 지나치는 시간을 속독 트레이닝에 활용한다는 마음가짐이면 충분합니다. 정확도보다는 빠른 속도, 그리고 꾸준히 지속하는지가 관건입니다. 당장에 효과가 드러나지는 않겠지만, 어느새 순간적으로 인식할 수 있는 글자 양이 훨씬 늘어날 것입니다.

이동 중에 표지판 읽어내기

● 준비할 것

기차나 버스를 타고 이동한다.

● 연습 목표

3개 역 사이의 표지판을 읽는 정도

● 트레이닝 순서

기차나 버스로 이동 중에 표지판 글자 읽기를 시도한다.

※ 간판을 볼 때는 처음에는 먼 것, 익숙해지면 가까운 것에
   도전한다. 멀리 있는 간판이 더 잘 읽힌다.

※ 기차역 플랫폼에는 3~4개의 표지판이 있는데, 앞에서 눈을
   적응시킨 후에 나중 것을 인식하면 좀 더 수월하다.

● 트레이닝 주의점

☐ 순간 인식력을 확인해본다는 마음으로 편하게 한다.
☐ 읽는 게 아니라 보며 이해한다.

● 효과

☐ 순간적으로 인식할 수 있는 글자가 늘어난다.
☐ 우뇌 활성화 효과가 있다.

6장

—

속독법 레벨 업

우뇌 활성화로
속독의 벽을
극복한다

속독의 목적지에 어떻게 도달할까?

3장부터 5장까지는 문장을 빠르게 읽기 위한 3가지 프로세스, 즉 빠르게 시선을 이동하고, 빠르게 글자를 보고, 빠르게 내용을 인식하는 트레이닝에 대해 설명했습니다.

중요한 사항이라 또다시 언급합니다만, 여태의 읽기와는 다른 읽기 방식을 몸에 익히지 않고서는 속독을 할 수 없습니다. 바로, 글자 블록을 읽지 않고 보며 이해하는 것입니다.

속독에서 꾸준한 연습을 빠뜨릴 수 없는 이유는 읽는 습관을 교정해야 하기 때문입니다.

일반적인 지침이기는 한데, 1년간은 트레이닝을 지속할 것을 권장합니다. 물론 개인 차이가 커서 빠른 사람은 3개월 만에 읽기 방식이 완전히 교정되는 경우도 있습니다.

속독 트레이닝은 등산과 비슷한 측면이 있다는 것을 생각하곤 합니다. 등산의 목적이 정상이라면 그곳에 닿을 수 있는 길은 하나가 아닙니다. 여러 경로가 있습니다. 어떤 경로를 택하든 정상에 오를 수 있다면 그 길은 의미가 있습니다.

속독을 익히는 것도 마찬가지입니다.

지금까지 다양한 속독 트레이닝을 살펴봤습니다만, 어떤 방법이라도(어떤 등산로를 선택해도) 좋습니다. 중요한 것은 꾸준히 실천하는지(묵묵히 산길을 걸을 수 있는지) 여부입니다.

속독의 정상에 오르는 방법

Goal

루트 1　　　루트 2　　　루트 3

어떤 길을 선택해도 정상에 다다른다!

02 속독의 정체기를
극복하는 요령

Section

세상의 어떤 일이든 목적지까지의 여정에는 어려움이 따르는 법입니다. 등산에서 한참을 걸어도 정상이 보이지 않고 똑같은 경치만 쭉 이어지는 느낌이 들듯이 속독 또한 그렇습니다.

트레이닝을 처음 시작했을 무렵에는 연습을 하면 한 만큼 '보며 이해'가 가능해지고 독서 속도도 빨라지지만, 어느 수준에 도달하면 정체기에 접어듭니다.

언제 정체기가 찾아올지는 개인 차이가 큰 편입니다. 1분에 5,000~7,000자를 읽는 수준에서 정체가 시작되는 사람이 있고, 1분에 3,000자 전후를 읽는 수준에서 좀처럼 실력이 늘지 않아 시무룩해지는 사람도 있습니다.

여하간 누구라도 실력 향상의 벽에 부딪히는 시기가 찾아오는 것만큼은 분명합니다. 그런 이유로 이 장에서는 속독의 정체기를 극복하는 요령을 말씀드리겠습니다.

거듭 언급했듯이, 속독은 어디까지나 책을 빨리 읽어서 자신의 목표를 달성하기 위한 도구입니다. 속독을 익혀야겠다고 처음 마음먹었을 때의 그 목표를 잊지 않기 바랍니다.

수험 공부에 활용하고 싶다, 업무에 필요한 정보를 최대한 빨리 습득하고 싶다 등등 목적은 저마다 제각각일 것입니다. 속독이 나의 목표를 이루기 위한 도구라는 전제는 속독 연습을 꾸준히 이어가기 위해서도 꽤 중요합니다.

그리고 또 한 가지, 속독의 정체기를 극복하는 요령은 '우뇌를 사용하는' 데에 있습니다.

이렇게 말하면 고개를 갸웃거릴 사람이 적지 않을 것입니다. 하지만 우뇌 활성화는 속독 실력 향상과 깊은 관계가 있습니다. 우뇌 활성화가 속독의 벽을 허물어주는 계기가 되어줄 수도 있습니다.

우뇌 활성화란
어떤 의미일까?

'우뇌를 사용한다.'는 말은 도대체 무슨 의미일까요? 여행을 예로 살펴보겠습니다.

여행에서 마주치는 차창 밖 경치는 '예쁘다!'라고는 생각해도 '꼭 기억해야지!'라며 바라보는 일은 거의 없습니다.

하지만 세월이 흘러 어느 날 여행 이야기가 화제에 오를 때 문득 예전에 본 차창 밖 경치가 떠오릅니다. 애당초 기억할 의도는 없었지만 뇌가 '무의식적으로' 기억하는 것입니다. 이것이 우뇌를 활용하는 상황입니다.

이와는 반대로, 의식적으로 외우려고 해서 외운 것들은 시간이 흐르면 좀처럼 떠오르지 않습니다.

전형적인 예로 학교 공부가 그렇습니다. 시험 전날에 밤을 꼬박

새우며 필사적으로 공부했더라도 그 내용을 지금 다시 떠올릴 수 있는 사람은 별로 없을 것입니다. 이것이 '의식적으로' 기억하려고 하는, 즉 좌뇌를 활용하는 상황입니다.

요컨대 우뇌와 좌뇌는 이 두 가지 특성을 보입니다.

두뇌의 왼쪽과 오른쪽은 역할이 다릅니다. 몸의 오른쪽을 좌뇌, 왼쪽을 우뇌가 담당한다는 것은 널리 알려진 사실입니다.

구체적으로는 좌뇌가 축적된 지식을 바탕으로 논리적 판단이나 계산, 언어 등을 맡는 이성적인 역할을, 우뇌는 이미지 정보 처리, 직관적 판단 같은 감각적인 역할을 담당합니다.(169쪽 참고)

좌뇌와 우뇌의 기능은 겉으로 드러나는 양상에도 차이가 있습니다. 좌뇌는 의식 영역, 우뇌는 무의식 영역을 담당하기 때문입니다. 이 둘의 관계는 흔히 빙산의 일각에 비유되고는 합니다. 해수면 위로 조금 드러난 부분이 의식 영역, 해수 아래에 잠겨 있는 빙산의 거의 대부분이 무의식 영역입니다.

사람의 일상생활은 거의 좌뇌의 무대라고 할 수 있습니다.

우리는 '유통기한이 지난 음식은 먹지 않는다.', '차 사고가 났을 때 튕겨나가지 않으려면 안전띠를 매야 한다.' 같은 판단을 통해 위험 상황을 피하게 되는데, 이처럼 사물을 논리적으로 판단하는 행위는 좌뇌가 담당하는 의식 영역의 기능입니다.

그럼에도 불구하고 의식 영역은 두뇌의 능력 중 불과 몇 퍼센트밖에 차지하지 않습니다. 다시 말해, 사람은 두뇌의 극히 일부만을 사용하며 일상을 살아가는 것입니다.

우뇌를 활성화한다는 것은 평소에 거의 사용하지 않는, 두뇌의 잠재능력을 이끌어낸다는 의미입니다. 그 힘을 아주 조금 보태는 것만으로도 속독에는 큰 도움이 됩니다.

이어서는 우뇌 활성화를 통해 속독 효율을 높이는 방법을 설명하겠습니다.

좌뇌와 우뇌의 차이

▶ 좌뇌와 우뇌의 역할

좌뇌	우뇌
논리 중심 사고	이미지 중심 사고
이성, 판단 뇌	감각, 직관 뇌
네거티브 뇌	포지티브 뇌
현재의식	잠재의식
직렬 처리	병렬 처리

▶ 현재의식과 잠재의식의 차이

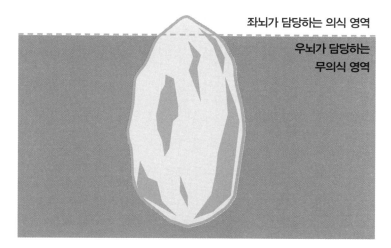

좌뇌가 담당하는 의식 영역

우뇌가 담당하는
무의식 영역

두뇌 가소성과 범화 작용의 효과

속독을 위해 우뇌를 활성화하려면 어떻게 해야 할까요?

결론부터 말하자면 '고속으로 글자를 보기'와 '폭넓게 보기', 이 2가지를 의식하는 트레이닝이 우뇌 활성화로 이어집니다.

고속으로 글자를 보기는 3장과 5장에서 설명한 시선 움직임을 빠르게 하는 트레이닝과 순간 인식력을 기르는 트레이닝에서, 폭넓게 보기는 4장에서 설명한 시야를 넓히는 트레이닝에 해당합니다.

이때 트레이닝을 무심코 따라 할 것이 아니라 '의식을 집중' 하는 게 중요합니다. 그 근거가 되는 게 바로 두뇌의 가소성可塑性과 범화汎化 작용이라는 특성입니다.

두뇌의 가소성이란 두뇌가 외적 환경 변화에 적응하고자 구조와 기능을 스스로 바꾸는 것을 말합니다.

고속도로에서 장시간 운전한 후에 일반 국도로 빠져서 달리면 주위 차들이 이상하게 느려진 듯한 느낌을 받곤 합니다. 이 또한 두뇌의 가소성에 따른 현상입니다. 고속도로의 고속 상태라는 환경에 두뇌가 적응해 있기 때문이지요.

　이것은 책읽기에도 똑같이 적용됩니다. 빠른 속도로 글자를 봄으로써 두뇌의 가소성을 이끌어낼 수 있습니다.

　속독이라고 하면 책장을 아주 빠르게 넘기는 모습을 떠올리는 사람이 있을 텐데, 이는 어디까지나 글자를 고속으로 보기 위한 트레이닝이라는 점을 5장에서 설명했습니다. 눈치를 챘을지도 모르겠습니다만, 이들 트레이닝은 책을 읽으려는 게 아니라 우뇌를 활성화하기 위해서입니다.

　그리고 두뇌의 가소성을 이끌어내기 때문에, 이어서 두뇌의 범화 작용이 발현됩니다. 두뇌의 범화 작용이란 뇌의 일부 능력을 극단적으로 끌어올리면 그에 따라 다른 능력도 함께 향상되는(범화) 특성입니다.

　책장을 빠르게 넘겨 글자를 고속으로 봄으로써 '보는 힘'이 차츰 좋아집니다.(두뇌의 가소성에 의해) 그와 동시에 글자를 고속으로 계속해서 보면 '보는 힘'의 정보 처리에 대응할 수 있게끔 이해력과 사고력 같은 능력도 '범화적으로' 올라갑니다. 이것이 범화 작용입니다. 속독으로 빨리 읽어도 이해도가 떨어지지 않을 수 있는 이유는 바

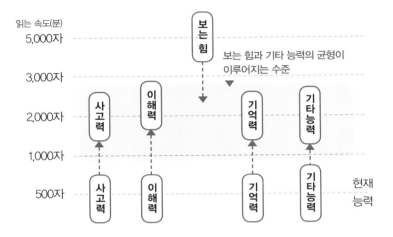

로 이 때문입니다.

범화 작용이 발현되는 것에 맞춰 보는 속도를 서서히 떨어뜨리면 평소의 독서보다 빠른 속도에서 보는 힘과 그 밖의 힘(사고력, 이해력, 기억력 등)의 균형이 이루어지는 포인트가 만들어집니다.

이 같은 원리에 의해 평소의 독서 속도 이상으로 빨리 읽어도 평소처럼 이해할 수 있게 됩니다.

지금까지 글자를 '보는' 행위와 관련한 범화 작용을 설명했습니다만, 이는 '들을' 때에도 그대로 적용됩니다.

저는 시도해보지 않았어도 '속청速聽'이라는 테크닉이 있습니다. 속독이 글자를 빨리 읽는 것인 데 비해 속청은 음성을 고속으로 듣는 기술입니다. 언어 정보를 고속으로 받아들이는 점에서는 같지만, 시각적인지 청각적인지에 따라 다른 것입니다.

속청도 가소성과 범화 작용이라는 두뇌 특성을 바탕으로 한, 우뇌 활성화를 위한 수단이 될 수 있습니다. 다만 개인적으로는 속청에 큰 흥미를 갖고 있지 않습니다. 그 이유는 속청 속도의 한계 때문입니다. 음성 정보를 아무리 빨리 재생한다고 해도 알아들을 수 있는 한계 속도는 기껏 3~4배 정도입니다.

그에 비해 보는 경우에는 컴퓨터 프로그램을 사용하면 20배, 30배 재생 속도로까지 표시할 수 있고, 트레이닝을 하기에 따라서는 그 같은 고속으로도 충분히 글자를 인식할 수 있습니다.

요컨대 속청은 두뇌의 가소성, 범화 작용을 이끌어내는 수준이 낮다고 할 수 있습니다. 알아듣는 데에 금방 부하가 걸려 큰 효과를 기대하기 어려운 것입니다. 그래서 우뇌 활성화에는 청각(속청)보다 시각(속독)이 훨씬 좋지 않을까, 하는 게 저의 입장입니다.

뇌의 효과를
의식하는 게 중요하다

두뇌의 가소성과 범화 작용을 활용하면 평소에는 거의 잠들어 있는 우뇌 능력을 활성화할 수 있습니다. 그 이치를 앞에서 충분히 이해했을 것입니다. 다음은 이 같은 두뇌 효과를 트레이닝에 어떻게 충분히 살릴 수 있는지에 대해 설명하겠습니다.

3~5장에서 빠르게 읽기 위한 트레이닝을 설명했는데, 이들 트레이닝 모두에는 공통되는 주의점이 있었습니다. 바로 여하튼 '빠르게'를 의식하며 트레이닝하는 것입니다.

두뇌를 고속으로 책읽기 상태에 익숙해지게 하려면 시선을 빠르게 움직이는 트레이닝뿐 아니라, 두뇌의 가소성과 범화 작용을 이끌어내는 환경을 만드는 것도 중요합니다. 즉 빠르게 읽는 트레이닝을 하면서 우뇌도 활성화하기인데, 이에 따르는 장점은 결코 작지 않습니다.

오탈자 체크나 고속 이메일 내용 체크를 할 때 '1초라도 더 빨리!'를 의식하기 바랍니다. 핵심은 '의식하는가, 아닌가'입니다. '할 수 있는가, 없는가'는 신경 쓰지 않아도 좋습니다.

할 수 있는 것, 할 수 있을 것 같은 트레이닝은 아무리 해봤자 제대로 된 훈련이 되지 않습니다. 내가 할 수 없는 것들을 계속 시도하기 때문에 비로소 트레이닝이 되는 것입니다.

"글 내용을 이해하지 못하면 빨리 읽어도 의미가 없다."

속독을 대하는 많은 사람들이 이 같은 선입견을 갖고 있는 듯합니다. 하지만 '우선은 최대한 빨리 읽고, 그중에서 어느 정도 이해할 수 있는지'를 염두에 두고 트레이닝을 하는 편이, 두뇌 특성을 고려한 효율적인 훈련 방법입니다.

쉽게 말하면 이렇습니다. 책 한 권을 2~10초의 속도로 아주 빠르게 보는 고속 페이지 넘기기(145p) 트레이닝에서 "그렇게 빨리 책장을 넘겨봤자 아무 소용없어. 적어도 내용이 이해되는 속도로 넘겨야지."라며 책장을 느릿느릿 넘겨서는 두뇌 특성(가소성, 범화 작용)을 최대한으로 살릴 수 없습니다.

물론 아무것도 하지 않는 것보다는 낫겠습니다만, 속독의 큰 효과를 기대하기는 어렵습니다.

속독 습득이 빠른
사람들의 특성

우뇌에 잠들어 있는 능력은 우리의 상상 이상입니다. 그런데 개중에는 원래부터 우뇌의 힘을 잘 활용하고 있는 사람도 있어서, 그런 사람일수록 속독 실력 향상이 빠릅니다. 여기서는 속독의 습득이 빠른 편인 사람들의 특징 몇 가지를 정리하겠습니다.

1. 동시에 여러 가지 일을 처리하는 사람

책을 읽고 있을 때 누가 말을 걸면 대개 어떻게 반응할까요?

이때 흠칫하지 않고 태연하게 말을 되받는 사람은 두뇌의 병렬 처리 능력이 높다고 할 수 있습니다.

동시에 여러 가지 일을 처리하는 힘, 즉 멀티태스킹 또한 우뇌의 특성 중 하나입니다.

우뇌는 무의식 영역을 담당합니다. 예컨대 호흡을 하거나 심장 박동을 의식적으로 조절하는 사람은 없을 것입니다. 게다가 이 같은 생체 활동은 병렬로(동시에) 진행됩니다. 무의식 영역, 즉 우뇌에서 병렬 처리가 이루어지는 이유입니다.

속독 트레이닝에서도 병렬 처리를 의식하는 게 좋습니다.

제가 가르치고 있는 속독 교실에서는 "트레이닝 중에 자유롭게 대화해도 좋아요!"라고 말해 둡니다. 책 읽는 연습에 몰두하는 수강생에게 제 쪽에서 일부러 말을 걸기도 합니다. 그의 의식을 책 읽기와 대화로 분산하기 위해서입니다.

속독을 위한 텍스트를 보면서 대화를 하면 두뇌에서는 다음과 같은 일이 일어납니다.

속독 트레이닝을 하면, 특히 초급 시절에는 아무래도 글 내용이 신경 쓰이게 마련입니다. 글자를 '보는' 게 아니라 의식 영역(좌뇌)에서 자꾸만 따라 읽으려고 합니다.

이 와중에 대화를 시도하면 글자를 따라 읽으려는 좌뇌의 의식을 대화에 대응하는 쪽으로 돌릴 수 있게 됩니다. 그 결과, 우뇌가 글자를 보는 상태를 만들어낼 수 있습니다. 우뇌로 텍스트를 보는 것의 장점은, 두뇌의 잠재 능력이 활성화되어 인식력과 이해도가 높아지는 등등 앞에서 설명한 그대로입니다.

이런 효과를 이끌어내는 것은 대화뿐만이 아닙니다. 예를 들어 트레이닝 중에 음악을 듣는 것도 하나의 방법입니다.

2. 동체 시력이 좋은 사람

동체 시력(움직이는 사물을 보는 시력)이 좋은 사람도 속독 기술의 습득이 순조로운 편입니다.

동체 시력이 좋다는 말은 글자를 고속으로 보는 힘이 강하다는 의미입니다. 다시 말해, 원래부터 순간 인식력이 높아서 속독에 필요한 재능이 다른 사람보다 발달했다고 할 수 있습니다. 그래서 시선의 움직임이 빨라져도 그들은 보통 사람들 이상으로 글자를 잘 인식할 수 있습니다.

3. 여성

마지막으로, 속독 습득이 상대적으로 빠른 사람들이 있습니다. 바로 여성입니다.

많은 수강생들을 지켜본 결과, 남성보다 여성 쪽이 속독을 더 빨리 익히는 경향을 확인할 수 있었습니다. 남성은 좌뇌적이고 여성은 우뇌적이라는 사실은 익히 알려져 있는데, 좀 더 엄밀히 표현하자면 여성은 남성보다 우뇌를 더 잘 활용하는 편입니다. 이는 좌뇌와 우뇌를 이어주는 뇌량이라는 부분이 남성에 비해 더 두텁기 때문입니다.

그런 이유로 여성이 우뇌적이라고 하기보다는 남성에 비해 좌뇌와 우뇌, 양쪽을 더 고르게 사용한다고 할 수 있습니다.

일상생활을 보더라도 그렇습니다. 여성이 아이를 돌보면서 요리나 세탁 같은 가사를 함께 하는(병렬 처리) 게 가능한 것도 그 때문이 아닐까요? 여성은 일상적으로 우뇌를 활용하고 있어서 그 결과로서 속독 습득이 더 빠른지도 모르겠습니다.

그렇다고 남성분들이 주눅들 필요는 없습니다. 관점을 바꾸어보면 남성의 잠재 능력, 즉 빙산의 아래쪽에 잠들어 있는 영역이 더 크다고도 할 수 있으니까요. 향후 속독 트레이닝을 통해 수면 위로 떠오르는 영역(속독 실력 향상)이 더욱 크고 빠를 가능성 또한 분명히 있는 것입니다.

물론 지금까지 살펴본 사람의 두뇌와 속독 실력 향상의 관계는 어디까지나 경향입니다. 속독에서 가장 중요한 것은 평소의 꾸준한 노력입니다. 트레이닝을 얼마나 올바르게, 의식적으로 실천하는지가 관건이지요. 이것을 잊지 않기 바랍니다.

읽는다는 것과
이해한다는 것

"문장을 제대로 이해 못 하는 상태에서 트레이닝을 계속해도 정말 괜찮을까요?"

이 질문은 속독을 배우면서 갖게 되는 전형적인 의문 중 하나입니다. 제 수강생들에게도 자주 듣습니다.

속독을 위한 트레이닝과 실제 책읽기가 별개라는 사실은 앞에서 누차 설명했습니다. 그럼에도 불구하고 트레이닝에서 오로지 글자를 빠르게 보고 있으면 아무래도 글 내용이 신경 쓰이는 사람들이 적지 않을 것입니다.

애당초 문장의 이해란 무엇일까요? 어떤 상태가 되면 '제대로 이해했다'고 할 수 있을까요? 앞으로 꾸준히 해야 할 트레이닝을 위해 잠깐 살펴보고 넘어가겠습니다.

먼저 아래 문장을 보기 바랍니다.

"크고, 귀여운 눈동자의 여자아이를 보았다."

이 문장을 여러분은 어떻게 이해했나요? '눈동자가 크고 귀여운 소녀'를 떠올리는 사람이 많을 것 같습니다.

하지만 '귀여운 눈동자를 가진, 키가 큰 소녀'로 이해할 수도 있습니다. 경우에 따라서는 '크고 귀여운 눈동자의 여자(가 데리고 있는) 아이를 보았다.'라는 해석도 불가능하지는 않을 것입니다.

여기서 주목하고 싶은 것은 똑같은 문장을 보더라도 그것을 어떻게 이해하는지는 사람마다 제각각이라는 사실입니다. 읽기와 이해가 항상, 정확히 일치하는 것은 아닙니다.

크고, 귀여운 눈동자의 여자아이를 보았다.

눈동자가 크고
귀여운 소녀

눈동자가 귀엽고
키가 큰 소녀

키가 큰 여자 + 아이

정독으로 이해 못하면
속독으로도 이해 못한다

앞에서 살핀 '읽기와 이해'의 차이는 왜 생기는 걸까요? 그 이유를 문장을 이해할 때의 프로세스를 통해 살펴보겠습니다.

'문장을 이해한다.'는 하나의 행위는 아래와 같은 프로세스로 나눌 수 있습니다.

단어의 의미를 인식한다. → 단어 간 연결을 인식한다.

앞의 단어의 의미를 인식하는 단계에서는 단어의 뜻을 알고 있는지에 따라 인식 여부가 결정됩니다.

예를 들어 '육법전서를 속독으로 읽어봐.'라는 부탁을 받는다면 저는 아마 무리일 것 같습니다. 법률 전문가가 아니라서 모르는 용어 천지일 것이기 때문입니다. 예전처럼 천천히 읽어도 온통 모르는 내용이 가득할 게 분명합니다.

정독으로 천천히 읽어서 이해 못 하는 내용은 속독으로 읽는다고 이해될 리 없습니다.

여담이기는 한데, 속독 교실을 운영하노라면 '초등학생 아이를 가르쳐달라.'는 요청을 받는 일이 종종 있습니다.

그런데 초등학생이 속독을 익히는 일은 어른의 경우보다 어렵습니다. 왜냐하면 아직 초등학생은 뜻을 인식할 수 있는 단어 수가 비교적 적기 때문입니다.

그런 한편으로 글자를 '빠르게 보는' 것은 아이가 어른보다 훨씬 빨리 능숙해집니다. 어른에 비해 따라 읽기 습관을 지속해온 햇수가 짧다는 게 하나의 이유이고, 그 밖에 아이들 특유의 순응성도 일조하는 듯합니다.

속독을 익히는 데는 어른이라면 어른의, 아이라면 아이의 벽이 있는 셈입니다.

문장 이해력을
더욱 높이는 방법

 문장을 이해한다는 것의 두 번째 프로세스는 '단어 간의 연결을 인식한다.'는 것이었지요?

 다시 한 번 앞의 문장을 떠올려보기 바랍니다.

"크고, 귀여운 눈동자의 여자아이를 보았다."

 이 한 문장에서 다양한 의미가 생기는 이유는 각 단어의 조합에 있습니다.

 '크고, 귀여운, 눈동자, 여자, 아이'

 각각의 단어 의미에 대한 우리의 인식은 거의 비슷하지만, 이들 하나하나의 단어를 어떻게 연결해서 해석하는지에 따라 이해에 차이가 생깁니다.

어째서 이런 차이가 생기는지를 조금 더 깊이 살펴보겠습니다.

단어의 연결, 해석에 차이가 생기는 근본 이유는 사람들이 저마다 가진 경험이나 처한 환경이 다르기 때문입니다.

예를 들어 주변에 '귀여운 눈동자를 가진, 키가 큰 소녀'가 살고 있는 사람이라면 그 같은 이미지의 소녀가 머릿속에 먼저 떠오를 가능성이 높습니다. 단어 간의 연결을 인식하는 프로세스에서는 개인의 경험과 환경에 더욱 영향을 받는 것입니다.

한편으로 단어 간의 연결은 문법적으로 '의식해서' 생각하는 게 아니라 '무의식적이고' 감각적으로 이루어집니다. 다시 말해, 단어를 어떻게 연결하는지는 무의식 영역, 즉 감각적인 정보를 담당하는 우뇌에서 이루어지는 것입니다.

문장을 이해한다는 것은 결국 이렇습니다.

먼저 단어 그 자체의 인식은 좌뇌에 축적된 지식에 의해 이루어집니다. 그리고 단어 간의 연결을 인식하는 것은 우뇌에 축적된 경험에 의해서입니다. 이 같은 이유로 좌뇌와 우뇌, 양쪽을 균형 있게 사용하면 문장 이해력이 높아지게 됩니다.

하지만 앞에서 살폈듯이 사람들은 평소 좌뇌 활용에 치우친 측면이 있습니다. 일상에서 양쪽의 두뇌를 고루 사용할 기회가 적은 게 현실이지요.

그에 비해 평소에 그다지 사용하지 않는 우뇌를 활성화함으로써 좌뇌와 우뇌의 균형을 좋게 할 수 있다면 좌뇌의 지식과 우뇌의 경험, 양쪽의 힘을 최대한 살릴 수 있습니다.

속독 실력의 향상은 우뇌에 기대는 바가 큽니다.

이는 결과적으로 문장의 표면적인 의미뿐 아니라 이른바 행간의 의미를 읽는다는 하는, 사물에 대한 이해력을 더욱 높이는 방편이 될 수도 있습니다.

문장 이해력을 높이려면?

▶ 좌뇌, 우뇌를 균형 있게 사용하는 게 중요!

▶ 평소 좌뇌 사용에 너무 치우쳐 있다

▶ 우뇌를 활성화하면 이해력이 높아진다

10 우뇌 활성화가
목표 달성력을 높인다

속독과 직접적인 관계는 없지만, 알아두면 참고가 될 두뇌 특징에 대해 잠깐 살펴보겠습니다.

우뇌와 좌뇌의 특성은 앞에서 줄곧 살핀 그대로입니다.

좌뇌에 비해 우뇌는 수면 아래에 잠들어 있는 능력이 월등하게 크다고 설명했지요? 그 힘은 현재화되어 있는 좌뇌의 힘을 충분히 능가하고도 남습니다.

그 같은 좌뇌와 우뇌의 관계는 영국의 철학자, 데이비드 흄의《정념론》에서도 쉽게 유추할 수 있습니다.

이성은 정념의 노예다.

이 말은 정념, 즉 감정이 이성보다 우월한 위치에 있다는 의미입니다. 데카르트로 대표되는, 인간 이성을 중시한 합리주의 철학자들과는 달리 흄은 이성의 인식 능력에는 한계가 있으며 모든 지식의 원천은 경험이라는 주장을 펼쳤습니다.

쉬운 비유를 통해 설명해보겠습니다.

누구나 한번쯤 다이어트를 시도했다가 실패한 경험이 있을 것입니다. 그런데 실패 이유는 과연 무엇일까요?

회사원이라면 일이 바빠서 운동할 시간이 없었을지 모릅니다. 혹은 식이요법을 실천해야겠다고 마음먹어도 접대나 친구들과 어울리다 보면 어쩔 수 없이 과식할 수도 있습니다.

하지만 이런 것들이 진짜 이유일까요? 그 이면에는 다이어트를 망치는 진짜 이유가 따로 있는 게 아닐까요?

아마도 진짜 이유란 이런 마음가짐일 것 같습니다.

'운동을 하기 싫어.'

'좋아하는 음식을 먹고 싶어.'

냉정하게 말해 운동을 하고 싶지 않으니까 늘 바쁘게 일하는 상황을 빗대어 결과적으로 시간이 없다는, 논리적으로 그럴듯한 핑계를 만들어내는 것입니다.

'운동을 하고 싶지 않고, 좋아하는 음식을 먹고 싶은' 마음의 공통점은 둘 다 감정에서 비롯되었다는 것입니다. 이것을 정당화하기 위해 논리적인 이유를 갖다붙이는 것입니다.

그야말로 정념(감정)이 잠재되어 있고, 이성이 노예처럼 조종되는 상태라고 할 수 있습니다.

그러면 어떻게 해야 다이어트에 성공할 수 있을까요? 그 힌트는 우뇌의 활성화에 있습니다.

예를 들어 다이어트에 성공한 이후의 내 모습을 강하게 떠올릴 수 있다면 운동을 하고 싶지 않고, 좋아하는 음식을 먹고 싶은 욕구 이상으로 멋진 몸매로 바꾸고 싶은 마음이 강렬해집니다.(이미지 떠올리기, 상상은 우뇌적 특성이다.) 그 순간 행동의 계기가 되는 정념이 변하는 것입니다.

이로써 '멋진 몸매를 갖고 싶으니까 고칼로리 음식을 멀리 하고, 운동도 열심히 해야 한다.'라는 이성이 생겨나고, 마침내 행동 또한 그에 따라 바뀌는 이치입니다.

저는 속독을 다시 시작하게 된 계기였던 '투자로 돈을 번다.'라는 목표를 끝내 달성할 수 있었는데, 그 요인 중 하나가 바로 우뇌 활성화에 있다고 믿습니다.

속독 트레이닝을 통해 우뇌가 활성화됨으로써 정념에 긍정적인 변화가 생겼고, 행동마저 바뀌게 되었다는 의미입니다. 투자 지식으로 돈을 벌어야겠다는 열망이 우뇌 활성화에 의해 저의 뇌리에 오롯이 새겨진 덕분이 아닐까 싶습니다.

　방법은 지극히 간단했습니다. 꾸준히 고속으로 글자를 봤을 뿐이었습니다. 그럼에도 지금껏 살펴본 두뇌 특성으로 판단하건대, 우뇌 활성화가 삶의 큰 변화를 가져오는 자아실현의 원천이 되었다고 감히 말할 수 있습니다.

　속독 트레이닝은 책을 빨리 읽게 해주는, 그 이상을 우리에게 선사해줍니다.

속독을 도중에 포기하지 않으려면

　우뇌를 활성화해 '보며 이해'하는 수준이 높아질수록 속독 실력도 빠르게 향상될 것입니다.

　그런데 사람은 불가사의하게도, 뭔가 하나를 할 줄 알게 되면 다시금 더 높은 목표를 정해 노력하려는 경향이 있습니다. 물론 이게 잘못된 일은 절대 아닙니다. 하지만 속독에서라면 약간의 주의가 필요합니다.

　앞에서 누차 밝힌 것과 마찬가지 이유 때문입니다. 속독은 어디까지나 목표를 이루기 위한 하나의 도구입니다.

　무엇을 위해 속독을 배워야겠다고 처음 마음먹었을까요? 그 목표를 아무쪼록 잊지 않기 바랍니다.

많은 사람들에게 속독을 가르쳐오면서, 원래의 목표를 잊은 채 오로지 책을 빨리 읽는 데에만 몰두하는 경우를 저는 심심찮게 봐왔습니다.

그들은 처음부터 꽤 높은 속독 목표를 정해놓고, 더군다나 목표를 달성해도 큰 의미가 없는 벽을 뛰어넘고자 어려운 트레이닝을 한동안 이어갑니다. 그러다가 도중에 염증을 내고는 스스로 트레이닝을 그만둡니다. 이래서는 본말전도입니다.

저의 자랑을 말하는 듯해 겸연쩍습니다만, 제가 맡고 있는 속독교실은 성공률이 100%입니다. 수강생 전원이 도중에 좌절하는 일 없이 일정 수준의 속독 실력을 갖추게 됩니다.

물론 아무 노력 없이 속독 실력이 올라가는 것은 아닙니다.

저는 수강생들에게 각자의 목표에 유효한 수준으로 속독법을 익히기 위해서는 단 하나의 조건이 있다고 말합니다. 그 조건이란 딱히 특별한 게 아닙니다.

여하튼, 트레이닝을 꾸준히 지속할 것

트레이닝을 꾸준히 하지 않는 이상, 여러분의 속독에는 큰 변화가 없습니다.

게다가 도중에 트레이닝을 중단하면 속독 훈련을 재개하는 데는 처음 시작할 때 이상의 에너지가 필요합니다. 트레이닝을 지속해야 하는 어려움 또한 더욱 커집니다.

그런 이유로 여하튼 속독 트레이닝을 꾸준히 할 수 있어야 합니다. 앞뒤를 바꾸어 말하면, 꾸준히 지속할 수 있는 트레이닝을 하는 게 좋습니다. 이게 무엇보다 중요합니다. 결코 어려운 트레이닝, 높은 목표가 늘 좋은 게 아닙니다.

속독 트레이닝을 꾸준히 지속하는 요령은 마지막 장에서 자세히 설명하겠습니다.

7장

속독 트레이닝을 지속하는 비결

01

Section

속독 훈련의 형식에
얽매이지 않는다

  속독을 익히려면 트레이닝을 빼놓을 수 없습니다. 속독법뿐만이 아니라 악기든 여타의 재능이든 트레이닝은 꼭 필요합니다.

  그래서 이 장에서는 도중에 그만두지 않고 꾸준히 속독 트레이닝을 할 수 있는 요령을 말씀드리겠습니다.

  첫 번째로, 속독 트레이닝을 지속하기 위해서는 형식에 얽매이지 않는 게 좋습니다.

  속독을 가르치다 보면 '꼭 이렇게 연습해야 한다.'라는 선입견이 강한 나머지 실력이 늘지 않는 사람들을 자주 봅니다. 예를 들어 블록 읽기(104p)를 할 때 시선을 이동하는 요령에 대해 질문받으면 저의 대답은 이렇습니다.

  "저의 경우는 문장 덩어리의 중심, 그러니까 3행을 본다고 치면 3

행 영역의 중심부를 봅니다. 가로 읽기 텍스트에서 중심부의 세로로 시선이 쭉 내려오는 것이지요."

그런데 이렇게 설명하면 완전히 똑같은 방식을 흉내 내는 데 필사적이 되어버리곤 합니다. 이것은 어디까지나 저의 방식입니다.

이 트레이닝의 목적은 '읽으며 이해'하기에서 '보며 이해'하기로 읽는 습관을 바꾸는 것입니다. 거칠게 표현하자면, 글자들이 한눈에 들어와 보며 이해할 수 있게 된다면 시선을 어떻게 움직이든 좋습니다. 저와 똑같은 방식을 고수할 필요는 굳이 없습니다.

올바른 속독 방식을 익히지 않으면 어느 시점에서 속도의 한계가 찾아오는 날이 있습니다. 하지만 비록 한계에 부딪혀도 일상적으로 활용하는 데 충분한 정도의 속독이라면 그것으로도 괜찮지 않을까요? 중요한 것은 속독을 익혀서 그것을 유용하게 써먹을 수 있는지 없는지의 문제입니다.

세상의 모든 사물에는 원칙이 있습니다. 속독의 원칙은 '고속으로, 글자를 읽지 않고 보며 이해하는 것'입니다. 이 원칙만큼은 꼭 지켜야 합니다. 하지만 방법은 사람마다 다를 수 있습니다.

자신에게 편한 방법을 선택해 꾸준히 연습하는 것, 그것이 속독법 숙달의 지름길입니다.

처음에는 1.5~2배
속독을 목표로 한다

속독 트레이닝의 형식 외에 벽은 또 있습니다.

그중 하나가 '속독은 마법 같은 수단'이라는 편견에서 벗어나지 못하는 일입니다.

1장에서 설명했듯이 속독법에 대해 '책 한 권을 1분 만에 읽는다.', '책장을 아주 빠르게 넘겨서 한 권을 다 읽고, 내용마저도 100% 머리에 들어온다.'라는 이미지를 가진 사람들이 적지 않은 듯합니다. 이 같은 편견은 트레이닝을 지속하지 못하게 하는 적과 다를 바 없습니다.

예컨대 독서 속도가 2배, 3배 이상이나 되었는데도 '아직 멀었어!', '겨우 3배라니 너무 느려.'라는 생각부터 합니다. 마찬가지로 이제 막 속독을 익혔는데, 읽은 내용이 전부 머리에 들어오지 않는

다며 낙담하는 사람도 있습니다.

특히 순간 인식력 트레이닝을 할 때가 그렇습니다. 뇌의 가소성 덕분에 고속 상태(고속도로 주행)에서 책을 보다가 속도를 떨어뜨리게 되면(일반도로로 갈아타서 주행) 더욱 느려진 듯한 마음이 듭니다. 속도가 느려지는 게 당연한데, '읽는 속도가 너무 느린 거 아냐?'라며 공연한 걱정을 하는 것입니다. 실은 두뇌의 범화 작용에 의해 매우 양호한 속독 상태인데도 말입니다.

이런 문제는 기본적으로 트레이닝과 실제 상황을 혼동하기 때문입니다. 본인의 실력 향상은 실감하지 못한 채 '이래서는 아무 의미가 없어.'라고 스스로를 평가절하하는 것입니다.

그래서 중요한 게 평소에 책을 읽을 때는 목표를 너무 높게 잡지 않기입니다. 다만 속독 트레이닝의 목표는 제 실력보다 좀 더 높이 설정하는 게 좋습니다. 목표 돌파력이 붙어서 트레이닝 효과를 높여주기 때문입니다.

한 번 더 언급하지만, 일상생활에서 속독 기술을 활용할 때의 목표는 현실적이어야 합니다. 예를 들어 '일주일에 읽은 책이 얼마나 늘었을까?' 같은 기준으로 속독 연습을 시작하기 전과 이후의 변화를 돌아보면 트레이닝 효과를 쉽게 느낄 수 있습니다.

현재 일주일에 책 1권을 읽는다면 2권, 일주일에 2권을 읽는다면 3~4권을 목표로 삼는 식입니다. 이렇게만 해도 평소보다 책읽기가 2배, 3배 빨라지는 것입니다.

속독 교실에 다니는 수강생 중에 '속독 속도 3,000자/1분'을 목표로 하는 사람도 있습니다. 그는 이렇게 말합니다.

"1분에 1만자, 2만자 읽기 같은 목표는 너무 비현실적인 거 같아요. 1분에 3천자만 읽을 수 있어도 처음 시작할 때와 비교하면 3배의 속도예요. 저는 이 정도로도 충분합니다."

저 역시 같은 생각입니다. 너무 높은 목표보다는 꾸준히 지속할 수 있는 현실적인 목표가 낫습니다. 이 같은 마음가짐은 속독 실력 향상에 빼놓을 수 없는 요령이기도 하고요.

트레이닝 초기에는 독서 노트를 작성해 전반적인 독서량 추이와 책 한 권을 읽는 데 걸린 시간을 가늠하는 게 좋습니다. 그리고 웬만큼 트레이닝이 진행된 후에는 속독 속도 측정과 기록을 권장하는데, 이는 뒤에서 다시 설명하겠습니다.

독서 노트 (2019년 5월)

※ 속독을 하기 전 독서 권수 : (   )권/1주

	독서 권수	1권당 소요시간	읽은 책 제목
1주			
2주			
3주			
4주			

03

트레이닝을 함께할
친구를 만든다

속독에 한정된 이야기는 아닐 텐데, 혼자서 실력을 쌓기에는 다소 간의 어려움이 있습니다.

물론 이 책에서 소개하는 트레이닝은 모두 혼자서 연습할 수 있습니다. 하지만 트레이닝을 오래 지속하려면 함께할 동료의 존재가 중요합니다.

저는 전국 각지에서 속독 교실을 열고 있습니다. 이들 속독 교실은 저를 포함한 강사분들이 수강생을 지도하는 장소일 뿐 아니라, 같은 목적을 가진 사람들이 모여서 연습하는 환경을 제공하는 역할도 하고 있습니다.

똑같이 지도하고 똑같은 시간을 연습해도 트레이닝을 하다 보면 독서 속도가 급격히 빨라지는 사람이 있고, 좀처럼 속도가 나지 않는 사람도 있습니다.

이럴 때에 물론 저도 지도하지만, 수강생끼리 서로 조언을 주고받는 게 큰 도움이 됩니다. 실력이나 처지가 비슷했던 사람들끼리 속독 요령을 나눔으로써 문제를 해결하는 힌트를 찾기가 더 수월해지기 때문입니다.

속독 동료가 동기부여를 높여주기도 합니다. 주위에 실력이 빠르게 늘어나는 동료가 있으면 '나도 질 수는 없잖아!'라는 생각에 더욱 열심히 하는 계기가 되는 것입니다.

함께 속독 공부를 하는 친구를 만들려면 속독 교실에 다니는 게 가장 좋은 방편입니다. 근처에 속독 교실이 없다면 동호회나 인터넷 카페를 찾는 것도 좋습니다.

무엇을 하더라도 초기에는 관련 정보 수집이 중요합니다. 그리고 동호회 내에 잘하는 사람이 있으면 그를 목표로 본인의 속독 수준과 의욕을 높일 수도 있습니다.

물론 오프라인에서 만나서 의견을 나눌 수 있는 친구가 있는 편이 훨씬 낫기는 합니다. 온라인에서 눈도장만 찍을 때보다 더 의욕이 샘솟고, 정보 습득에도 유리하니까요.

04

속독 속도를
기록하고 공개한다

트레이닝의 효과는 원래 체감이 어려운 법입니다. 하지만 수치화를 통해 결과를 눈에 보이게 할 수는 있습니다.

속독 교실에서는 트레이닝 전의 독서 속도와 트레이닝 후의 독서 속도, 그리고 초견문初見文 속도(처음 읽는 책의 독서 속도)를 측정해 수치 변화를 확인합니다.

이렇게 하면 본인의 속독 실력이 향상되고 있는지 어떤지를 손쉽게 알 수 있습니다. 트레이닝 효과를 측정하면 무엇이 문제인지 알 수 있고, 그 해결책을 찾을 수도 있습니다.

예를 들어 초견문 속도가 트레이닝 전후의 독서 속도에 크게 못 미친다면, 이는 속독 측정을 위한 문장에 익숙해졌을 뿐 속독이 몸에 익은 것은 아니라는 사실을 알 수 있습니다.

속독 교실에서는 일주일에 한 번, 타이머를 사용해 정식으로 속독 속도를 측정합니다. 먼저 속도 측정에 사용할 책을 준비합니다. 측정 때마다 똑같은 책의 다른 부분(본인이 좋아하는 책이나 흥미가 있는 분야의 책)을 이용하는 게 좋습니다.

이제 타이머로 1분간 측정합니다. 이 시간 동안 시작부터 어디까지 읽을 수 있는지를 보는 것입니다. 1분이 지나면 몇 행까지 읽었는지를 확인해 1분 동안 읽은 전체 글자 수를 계산합니다. 글자 수는 대략의 수치라도 문제없습니다.

이런 식의 측정을 트레이닝 개시 전과 종료 후에 실시하고, 수치 변화를 확인합니다.

그런데 많이 바쁘다면 반드시 매주 시간을 측정하지 않아도 좋습니다. 그 대신에 '일주일에 몇 권의 책을 읽었는가?', 그리고 일정 시간 동안의 분량, 즉 '이동 중인 전철에서 30분 동안 몇 페이지를 읽었는가?'라는 식으로 재볼 것을 권합니다.

이렇게 작성한 기록을 속독 친구에게 보여주면 트레이닝 효과를 더욱 높일 수 있습니다. '이번 주에는 이 정도로 빨라진 거 같아!'라며 서로의 기록을 나눔으로써 동기부여가 되고, 트레이닝을 지속하는 동력이 되기도 하는 것입니다.

속독 기록 노트

※ 같은 책으로, 1분 동안 읽은 대략의 글자 수를 적는다.

※ 일정 시간 동안 읽은 페이지 수를 측정해도 좋다.

독서 속도의 추이

	1주	2주	3주	4주
1개월				
2개월				
3개월				
4개월				
5개월				

속독으로 이루고 싶은
목표를 정한다

속독은 문장을 아주 빠르게 읽는 테크닉이지요? 그런데 속독, 즉 빠르게 읽기는 다른 목표를 달성하기 위한 하나의 도구여야 합니다. 빠르게 읽는 것 자체를 목표로 하기에는 아무래도 여러모로 한계가 있습니다.

저 역시 그랬습니다. 원래 국어를 싫어하고 책읽기도 싫어했던 저로서는 '속독 속도 1분에 10만자'라고 한들 전혀 와닿지 않았고 아무런 매력도 느낄 수 없었습니다.

제가 속독을 시작한 계기는 업무에 바빠서 시간이 없는 와중에 투자 공부를 하기 위해서였습니다. 한정된 시간에 많은 책을 봐야 했기 때문에 어쩔 도리 없이 속독을 방편으로 삼았습니다. 속독으로 1분 동안 최소 몇 글자를 읽어야 한다는 식의 목표는 애당초 없었습니다.

만약 '속독 속도 ○만자를 반드시 달성한다!' 같은 목적으로 속독 공부를 시작했다면 아마도 틀림없이 트레이닝을 도중에 그만두고 말았을 것입니다.

'투자 지식을 쌓아 돈을 벌어야 한다!'라고 하는, 시급하고 중요한 과제가 있었기에 트레이닝을 꾸준히 지속할 수 있었고, 마침내는 속독 일본 챔피언이 될 수도 있었습니다.

'책을 빠르게 읽을 수 있다.'는 속독 트레이닝을 지속하기 위한 목적으로서는 약합니다.

우리 앞에는 수많은 유혹이 있습니다. 목표가 약하면 결국 '나중으로 미뤄도 되지 않을까……'가 돼버리기 십상입니다.

한편 '내년에는 꼭 자격증 시험에 붙어야 한다!'처럼 구체적인 목적이 있다면 보다 강한 목표 의식이 생깁니다.

속독 트레이닝을 목표 달성의 한 수단으로 여기면 단순히 '빠르게 읽기'를 목적으로 할 때보다 더욱 강렬한 동력을 얻을 수 있습니다. 결국 이러한 태도가 속독 트레이닝에 소홀해지지 않게 하는 힘이 됩니다.

속독을 통해 이루고 싶은 목표는 무엇입니까?

그 목표를 종이에 적어 언제든 볼 수 있는 곳에 붙여두기 바랍니다. 이로써 속독 실력 향상은 물론, 여러분의 소중한 목표도 더욱 앞당겨질 것입니다.

나의 목표 선언

나는

라는 목표를 이루기 위해, 속독에서

을 달성한다.

06

속독 트레이닝이 즐거워지는 요령

공부도 운동도 마찬가지일 텐데, 도중에 싫증이 나면 꾸준히 지속할 수가 없습니다.

'아는 자는 좋아하는 자만 못하고, 좋아하는 자는 즐기는 자만 못하다.'라는 공자님 말씀 그대로입니다. 뭐든 좋아하고 즐기는 것이 숙달의 지름길입니다.

다만 어느 날 갑자기 속독 연습이 좋아질 리는 없습니다. 그래서 권장하는 것이 보상 만들기입니다.

속독 교실에서 실천하고 있는 것은 이렇습니다.

트레이닝의 하나로서 긴 문장을 읽고 그에 대한 문제를 푸는 일이 있습니다. 쉽게 말해 국어 지문 테스트인데, 빠르게 읽으면서도 얼마나 정확하게 이해했는지를 확인합니다.

이 테스트에서 가장 빠른 속도, 그리고 높은 정답률을 기록한 사람에게는 소정의 보상을 주고 있습니다.(대단한 것은 아니고, 점심 식사권 같은 정도입니다.)

테스트에서 보상을 받게 되면 역시 누구나 기뻐합니다. 그리고 기뻐하면 우뇌가 활성화되기도 쉬워집니다. 두뇌 차원에서 '열심히 하면 또다시 보상을 받을지도?', '더 잘할 수 있지 않을까?'라는 의식 전환이 이루어지는 것입니다.

이 같은 보상을 평소의 트레이닝에 접목하면 어떨까요?

예를 들어 '한 주의 트레이닝이 끝난 다음에 맛있는 것을 먹으러 가자!'라는 보상을 정하는 식입니다. 미리 식당 예약을 해둬도 좋을 것입니다. 좀 더 스케일을 키워 '3개월간 열심히 한 다음에 해외여행을 가자!'라는 보상을 정할 수도 있습니다.

그런데 이때도 유의점이 있습니다.

보상을 받을 수 있는 목표 설정은 다소 낮은 게 좋습니다. 물론 너무 낮은 것도 좋지는 않습니다.

평소대로라면 할 수 없지만, 조금만 더 노력하면 크게 어렵지 않게 달성할 수 있는 목표를 기준으로 하기 바랍니다.

예를 들어 속독으로 책을 읽을 때에 매일 한 챕터씩 더 읽자, 라는 정도부터 시작해도 됩니다.

그리고 동기부여를 이끌어내는 또 한 가지 요령으로서, 보상과 목표를 정하는 데도 순서가 있습니다.

목표를 세운 다음에 그 수준에 맞춰 보상을 정하는 게 아니라, 보상을 정한 다음에 목표를 세우기 바랍니다.

내게 주는 보상을 먼저 정하고 그에 걸맞게 목표를 살짝 올려서 잡는 것입니다.

'어떤 보상으로 할까?'

보상을 생각하는 일은 즐거운 경험입니다. 즐거운 마음으로 우뇌를 자극한 다음에 트레이닝을 하면 보다 좋은 효과를 얻을 수 있습니다. 제 경험상, 이는 공부를 하거나 자격증 시험을 준비할 때도 유용합니다. 한번 시도해보기 바랍니다.

트레이닝을 지속하는 요령

보상을 준비한다.

↓

보상에 걸맞은 목표를 세운다.

↓

트레이닝 지속, 속독력 향상으로 이어진다.

아! 기분 좋아~

속독은 마법의 지팡이가 아니다

속독 트레이닝을 도중에 그만두는 사람들에게는 몇 가지 특징이 있습니다.

그중 가장 두드러지는 유형이 바로 완벽주의입니다. 또한 속독한 내용을 거의 다 이해해야 한다고 믿는 사람도 트레이닝을 지속할 가능성이 작습니다.

평소처럼 천천히 읽어도 씌어 있는 내용을 한 번에 100% 이해할 수 있는 사람은 없습니다.

속독은 평소의 천천히 읽기 방식과 똑같은 이해도로 빠르게 읽는 것이라고 했습니다. 따라서 속독을 하더라도 처음부터 전부 이해하게 되는 일은 없습니다.

하지만 속독이 가능한 사람은 보통 사람들이 한 번 읽을 동안 두세 번 반복해서 읽을 수 있습니다.

똑같은 책을 한 번 읽는 사람과 두세 번 되풀이해 읽는 사람의 이해도가 같을 리는 없습니다.

반복해서 읽는 만큼 이해도가 높아집니다. 속독의 장점은 여기에 있습니다.

이 당연한 사실을 유념하기 바랍니다.

'딱 한 번 읽었을 뿐인데 책의 모든 내용을 기억한다!?'

이런 마법 같은 효과는 아무리 트레이닝을 열심히 해도 부질없습니다. 아무쪼록 눈에 보이는, 실현 가능한 속독의 효용성에 주목해 트레이닝에 힘쓰기 바랍니다.

한 번 읽을 시간에
2~3번 반복해서 읽으면 돼~

속독법은 마법의 지팡이가 아닙니다.

 여담입니다만, 속독 챔피언이 되고 난 후에 '눈앞에서 책을 읽어 보라.'는 부탁을 받을 때가 종종 있습니다.
 하지만 계면쩍게도 실제로 본 사람에게는 본인의 예상을 크게 벗어나는 듯해서 맥이 빠지곤 합니다.
 물론 보통 사람의 책읽기에 비하면 페이지를 넘기는 게 훨씬 빨라 보일 텐데, 적어도 사진을 찍듯이 페이지를 휙휙 넘기며 읽는 것은 아닙니다.

 방송국 인터뷰를 할 때도 똑같은 부탁을 받았습니다.
 현장 PD가 원한 것은 순식간에 책장을 다 넘긴 다음에 내용을 술술 말하는 영상이었던 듯한데, 저의 책읽기 방식은 그의 상상과는 사뭇 달랐습니다. 나중에 방송을 보니까, 책을 읽는 모습이 교묘하게 편집되어 있었습니다.
 어쩌면 여러분도 속독법에 대해 마법과 같은 이미지, 기대감을 갖고 있지는 않나요?
 책장을 아주 빠르게 넘기는 것만으로 모든 내용이 머릿속에 들어온다!? 트레이닝 방법에 따라서는 이처럼 마법 같은 능력을 익힐 수 있을지도 모릅니다.

하지만 온갖 고생을 하며 그렇게까지 능력을 기르지 않아도 일상 생활에서는 충분히 속독 기술을 활용할 수 있습니다. 이전보다 몇 배 더 빨리 책을 읽는 것만으로도 시험이나 업무, 자기계발 등에서 훨씬 유리합니다.

　다시 되풀이합니다만, 완벽주의는 지금 당장 버리기 바랍니다. 어쩌면 이것이 내 인생을 바꾸는 계기를 만드는 첫걸음입니다.

내게 가능한 훈련만
꾸준히 한다

속독 트레이닝을 꾸준히 하기 위한 마지막 요령입니다. 그것은, 트레이닝을 너무 진지하게 하지 않기입니다.

책에서 소개한 트레이닝 모두를 완벽하게 소화해야 한다, 라는 태도도 속독 트레이닝을 지속하지 못하는 사람들의 특징에 속합니다. 제 자신의 경우와 수강생들을 지도해본 경험으로 보건대 정말 그렇습니다.

앞에서도 언급했듯이 모든 트레이닝을 실천할 필요는 없습니다. 그렇게 한다고 해도 도중에 속독을 그만두는 등 결국은 역효과입니다. 그와는 달리, 시선을 움직이는 속도를 높이는 훈련만으로 책읽기가 2~3배 빨라진 사람들이 적지 않습니다.

그 하나의 트레이닝을 지속하는 것만으로도 속독 실력이 향상되어 업무나 공부에 충분히 활용할 수 있습니다.

그렇게 해서 인생이 변화한 사람들을 저는 자주 봐왔습니다. 그들은 비록 속독 속도가 1분에 3천자, 5천자에 그치지만, 1분에 1만자를 읽어내는 사람보다 학업, 업무 등에서 훨씬 유익한 성취를 이룰 수 있었습니다.

이것은 바로 도구를 추구하는 사람과 도구의 활용을 추구하는 사람의 차이라고 할 수 있습니다.

물론 속독 속도가 아주 빠른 것은 멋진 일입니다. 늦는 것보다야 빠른 게 낫다는 데는 이의가 없습니다. 하지만 진짜 중요한 것은 현실적인 삶에 써먹을 수 있는지 여부입니다.

트레이닝으로 당장 얻는 효과는 좀처럼 체감하기 어려운 측면이 있습니다. 따라서 크게 무리 없이 할 수 있는 트레이닝을, 크게 무리 없는 시간에 꾸준히 실천하는 습관을 들이기 바랍니다. 이런 태도는 아주 중요합니다.

그 구체적인 방법 중 하나가 바로 루틴routine화, 즉 트레이닝을 규칙화하는 것입니다.

귀가하면 현관에서 신발을 벗고, 잠자리에서 일어나 바로 화장실을 가고, 식후에는 이를 닦듯이 일상생활 중에는 루틴 워크로서 하는 일이 놀랄 만큼 많습니다. 이런 일들처럼 책에서 소개하는 트레이닝을 습관화하면 됩니다.

예를 들어 회사원이라면 이메일 체크를 하루에 한 번은 할 텐데, 아침에 이메일을 체크하기 전에 10분 정도 속독 트레이닝을 하는 식입니다. 혹은 점심 식사 후 자리에 앉자마자 잠깐 트레이닝을 하고 업무나 공부를 할 수도 있습니다.

하루에 어떤 트레이닝을 몇 번씩 하자는 식으로 규칙을 정해도 막상 시도해보면 처음에 마음먹은 대로 실천하기가 매우 어렵습니다. 그보다는 자투리 시간이라도 좋으니까, 일상의 루틴에 트레이닝을 접목해보기 바랍니다.

거창한 결심이 아니라 크게 부담 없이 실천할 수 있는 사소한 마음가짐이 습관으로 이어지고, 결국 속독 실력 향상으로도 우리를 이끌어줄 것입니다.

속독은 자아실현의 수단이어야 합니다

이 책을 읽고 나서 '나도 할 수 있을 거 같은데.'라는 생각이 드는 속독 트레이닝이 몇 가지는 있을 것입니다. 그것들을 중심으로 꼭 실천해보기 바랍니다. 크게 무리하지 않고도 책읽기 속도는 확실하게 빨라질 것입니다. 트레이닝을 꾸준히 실천하는 한 반드시 그렇게 됩니다.

한편으로, 독서 속도의 향상 자체를 목표로 삼지는 않기 바랍니다. 제가 마지막으로 전하고 싶은 당부입니다.

원래 사람은 어떤 분야에서 조금 잘하게 되면 그 수준이 마음을 놓게 되는 장소가 되어버립니다. 마음이 놓이는 그 자리에 계속 머물려는 속성 때문입니다.

애초에는 무언가 다른 목표가 있어서 속독을 배워야겠다고 마음 먹었을 것입니다.

그런데 트레이닝을 열심히 해서 보통 사람들보다 훨씬 빠르게 책을 읽을 수 있게 되면 나도 모르게 '빨리 읽는 것' 그 자체에 마음을 빼앗길 우려가 있습니다.

"저는 1분에 만 자 정도 읽습니다."

"이번에 저는 2만자 기록을 세웠어요."

이런 경쟁을 하려고 속독을 시작한 게 아닐 텐데, 어느새 그 같은 가치에 빠져버린 사람들을 저는 몇 번이고 봐왔습니다.

속독은 '하고 싶은 일'을 하고, '되고 싶은 자신'이 되기 위한 자아실현의 한 수단입니다.

책에서 다양하게 소개했듯이 속독을 익히기 위한 트레이닝은 그렇게 어려운 게 아닙니다. 연습 시간을 보더라도 하루에 10분 정도면 됩니다. 본문에서 설명한 바른 속독법 요령을 바탕으로 꾸준히 연습하기 바랍니다.

부디 속독의 달인이 되려고는 하지 않았으면 좋겠습니다. 그보다는 여러분이 '되고 싶은 자신'이 되려는 목표를 가장 앞에 놓기 바랍니다. 그것이 저의 바람입니다.

속독을 익혀서 '책읽기를 전보다 더욱 좋아하게 되었다.', '자격증 시험에 합격했다.', '좋아하는 일을 직업으로 삼게 되었다.', '가족과 보내는 시간이 늘었다.' 같은 감상을 듣게 된다면 저자인 저로서는 큰 기쁨이 될 것입니다.

마지막으로 이 책의 출간을 위해 도움을 주신 분들에게 감사의 마음을 전합니다.

일본능률협회 매니지먼트 센터의 가시와바라 씨, 출판 코디네이터 고야마 무쓰오 씨, 제게 속독을 가르쳐준 은사로서는 물론이고 인생이 크게 변화하는 계기를 만들어주신 밀리어네어 아카데미의 다케이 유스케 대표님, 제가 힘들어할 때 늘 가르침을 주신 아오야마 소이치로 씨, 속독법을 세상에 알리고자 성심껏 도와주신 핫토리 겐지 씨, 그리고 무엇보다 저와 함께한 수강생 여러분들……. 그밖에도 많은 분들의 도움이 있었기에 지금의 기회를 얻을 수 있었습니다. 정말 고맙습니다.

쓰노다 가즈마사

속독 챔피언이 알려주는 1일 10분 속독법

당신도 지금보다
10배 빨리 책을 읽는다

초판 1쇄 발행일 | 2019년 5월 15일
초판 7쇄 발행일 | 2024년 6월 20일

지은이 | 쓰노다 가즈마사
옮긴이 | 이해수
디자인 | 宇珍(woojin)
펴낸이 | 이우희
펴낸곳 | 도서출판 좋은날들

출판등록 | 제2011-000196호
등록일자 | 2010년 9월 9일
일원화공급처 | (주) 북새통
(03938) 서울시 마포구 월드컵로36길 18 902호
전화 | 02-338-0117 · 팩스 | 02-338-7160
이메일 | igooddays@naver.com

copyright ⓒ 좋은날들, 2019
ISBN 978-89-98625-37-5 03320

＊ 잘못 만들어진 책은 서점에서 바꾸어 드립니다.